© 2016 Theodor Kuch
Umschlag, Illustration: Theodor Kuch

Verlag: tredition GmbH, Hamburg

ISBN 978-3-7345-5470-4

Printed in Germany

Arbeitsheft 2

zum
Alphabetisierungskurs

von

Theodor Kuch

Text und
Graphik von

Theodor Kuch

Fotos von

Henry Bauer

Inhaltsverzeichnis

Kreuze das richtige Wort an!

Ich lese gern O aus O.   Ich soll O kann O meinen Namen lesen.
Ich lese nie O laut O.   Ich kann Briefe O Steine O lesen.
Ich lese mit O klein O.   Ich kann Autos O Bücher O lesen.

Verbinde die richtigen Satzteile!

Wer lesen kann,	wird angeregt.
Deine Fantasie	dir gratulieren.
Durch Lesen erkennst du,	ist fein heraus.
Zum Lesen will ich	was andere fühlen.

Buchstaben zum Leben erwecken

Buchstaben sind solange leblose Wesen,
bis sie von dir werden gelesen.

Plattgedrückt liegen sie stumm
in geschossenen Büchern herum.

Nur solange werden sie Tode sein,
bis du ihnen hauchst lesend Leben ein.

Allein dein Geist wird sie erwecken
und ihre Geheimnisse entdecken.

Mit Buchstaben fängst du deine Gedanken ein,
sie wollen nur sorgfältig verbunden sein.

Alles kannst du mit ihnen aufschreiben,
unvergesslich wird es dann bleiben.

Was vor Jahrtausenden ist schon gewesen,
kannst du in zahllosen Büchern lesen.

Keine Bibliothek könnte ohne sie leben.
Für uns sind Buchstaben ein unschätzbarer Segen.

✗ Kreuze an, was richtig ist!

B	Das ist ein Satz. ja O, nein O
	Das ist ein Wort. ja O, nein O
	Das ist ein Buchstabe. ja O, nein O

Mit Buchstaben kannst du Wörter bilden: Zum Beispiel
deinen Namen:

Bilde aus folgenden Buchstaben sinnvolle Wörter!

t l t a B	au B m	au n Z	ch R n e e	r a G t n e

✗ Kreuze an, was richtig ist!

Haus	Das ist ein Satz. ja O, nein O
	Das ist ein Buchstabe. ja O, nein O
	Das ist ein Wort. ja O, nein O

✗ Kreuze an, was richtig ist!

Der Wind weht um den Baum.	Das ist ein Wort. ja O, nein O
	Das ist ein Buchstabe. ja O, nein O
	Das ist ein Satz. ja O, nein O

Gartengeräte

Um einen Garten anzulegen, zu erhalten oder zu pflegen braucht man verschiedene Gartengeräte. Für die vielfältigen Gartenarbeiten wurden spezielle Geräte entwickelt. Man verwendet sie zur Bodenbearbeitung, zum Pflanzen, zum Aus- und Umgraben, zum Schneiden, Gießen und Spritzen. Zur Grundausstattung gehören: Rechen, Spaten, Schaufel, Hacke, Gartenschere, Sägen, Leitern, Schubkarre, Gießkanne und Gartenschlauch.

Der Rechen besitzt einen hölzernen Kopf, der die Zähne (Zinken) festhält. Sie sind aus Birkenholz geschnitzt, das besonders widerstandsfähig ist. Sein Stiel besteht ebenfalls aus Holz, das immer mehr durch Metall ersetzt wird. Früher lebte in jedem größeren Dorf ein Rechenmacher. Der Rechen dient zum Zusammenrechen Schnittgut, Heu, Laub, zum Glätten von Erdschollen und Einrechen von Saatgut.

Ohne **Spaten** ist Gartenarbeit nicht denkbar. Man verwendet ihn zum Umgraben der Gartenerde, zum Ausheben der Pflanzlöcher. Der Spaten besteht aus einem kräftigen Stiel und einem meist aus einem viereckigen Stahlblatt, das eine verstärkte Auftrittskante besitzt, das die Kraftübertragung vom Schuh auf den Spaten verbessert.

conventgarden

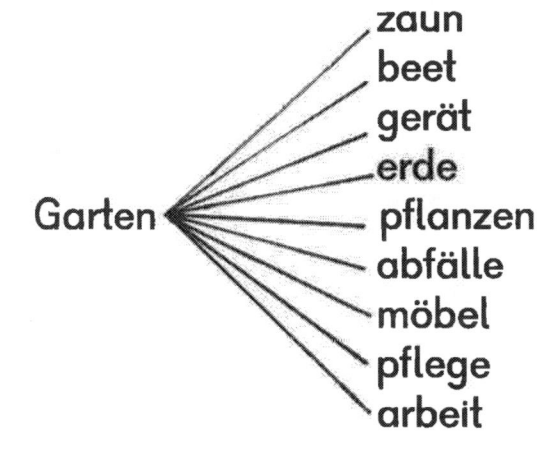

Garten –
zaun
beet
gerät
erde
pflanzen
abfälle
möbel
pflege
arbeit

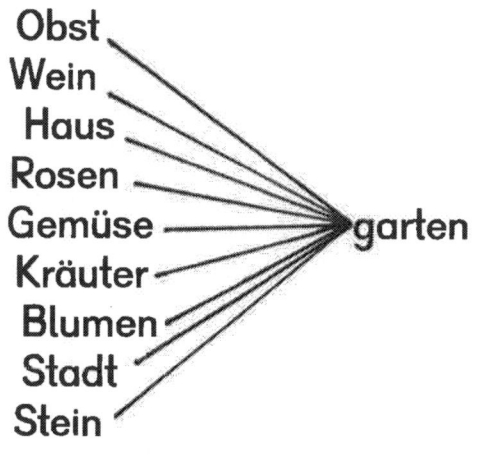

Obst
Wein
Haus
Rosen
Gemüse
Kräuter
Blumen
Stadt
Stein
– garten

Flöhe erfanden das Ö

Unser Alphabet kennt drei Umlaute: ä, ö und ü. Sie werden recht stiefmütterlich behandelt. Man streitet sich, ob sie vollwertig zum ABC dazu gezählt werden können oder nicht, obwohl sie in der Rechtschreibung eine Bedeutungsänderung hervorrufen: Bar – Bär; rosten – rösten.
Diese Umlaute entstanden aus einer historischen Schreibweise: aus ae, oe und ue. Im Laufe der Schreibgeschichte wurde das e sogar über die Selbstlaute geschrieben: å, o̊, ů. Dieser Buchstabenverbund verschmolz zu einem Schriftzeichen: ä, ö und ü.

Verbinde die richtigen Satzteile!

Es hüpfte ganz frech ein Floh   er machte sich nichts daraus.

Es dauerte nicht all zu lang,`   sie hatten zufällig erfunden das Ö-

Das sah seltsam gepunktet aus   ohne zu fragen auf ein O.

Vor Freude hüpften die Flöh in die Höh   ein zweiter Floh sich darauf schwang.

Kreuze die Reimwörter an!

Floh	O	stöhnen	O	schöpfen	O	hören	O
Stroh	O	wohnen	O	köpfen	O	stören	O
Post	O	dröhnen	O	laufen	O	schwören	O
froh	O	föhnen	O	knöpfen	O	warten	O

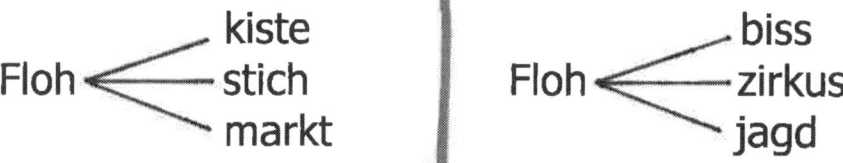

Floh ← kiste
Floh ← stich
Floh ← markt

Floh ← biss
Floh ← zirkus
Floh ← jagd

Redewendungen:

„Einen Floh ins Ohr setzen." Eine Person auf eine fixe Idee bringen.
„Flöhe husten hören." Sehr sensibel sein.
„Kannst du mir ein paar Flöhe leihen?" Flöhe sind als Geld gedacht.

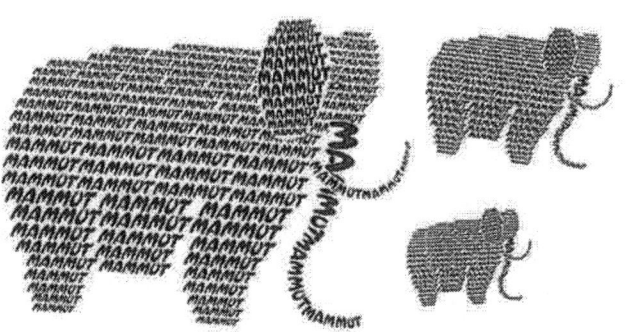

Der Marabu, der Marabu, schaute den Mammuts immer zu.

MMMMMMMMMMMMMMMMMMMMMMMMMMMMMMMMMMMMMMMMMMMMMMMMMMMMMMMMMMMMMMMMMMMMMMMMMMMMMMMMMMMMMM

Kreuze an, was richtig ist!

Was wäre dumm?,
wenn das A nicht wäre erfunden O,
wenn das O nicht wäre erfunden O,
wenn das E nicht wäre erfunden O,
wenn das M nicht wäre erfunden O.

Du kannst das von links nach rechts und von unten nach oben lesen!

MIT

    TIM

MIT

    TIM

MIT

    TIM

Kreuze an, was richtig ist!

Was ist schief und krumm?
Sind Bleistifte schief und krumm   O ?
Sind Äste schief und krumm   O ?
Sind Haare schief und krumm   O ?
Sind Lineale schief und krumm   O ?

Schreib das richtige Wort auf!

e,a,ss,T	u,H,d,n	e,s,R,o	n,o,ll,a,B	m,a,L,e,p	n,a,H,d

Kreuze an, was richtig ist!

Kleine Kinder können Papa Mama schreien   O.
Kleine Kinder können Opa Oma schreien   O.
Kleine Kinder können Mutti oder Mami schreien   O.

ANNA
versteckt
sich
unter
dem
AANNABERG.

A
AAA
AAAA
AAAAAA
AAAAAAA
AAAAAAAA
AAAAAAAAA
AANNABERG

AVAVAVAVAVAVAVAVAVAVAVAVAVAVAVAVAVAVAVAVAVAVAVAVAVAVAVA

A aus Ästchen

Wellen spielten mit Ästchen am Strand,
drei zusammengespült ein Kind dort fand.

Eine seltsame Form lag auffällig da.
Das könnte doch sein ein großes A!

Vor Freude rief das Kind juhe!
„Das ist der erste Buchstabe vom ABC!"

Zufällig ein N

Ein Schreiner besaß einen Meterstab.
Mit ihm maß er verschiedene Teile ab.

Der Meterstab fiel ihm aus der Hand,
Die neue Form er niedlich fand.

So ein Zeichen hat er schon lange gesucht.
Als großes N hat er es gleich gebucht:

NNNNNNNNNNNNNNNNNNNNNNNNNNNNNNNNNNNNNNNNNNNNNNNNNNNNNNNNNNNNNNNNN

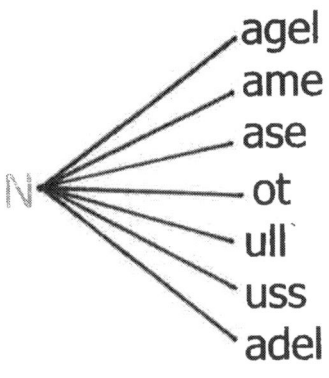

N
- agel
- ame
- ase
- ot
- ull
- uss
- adel

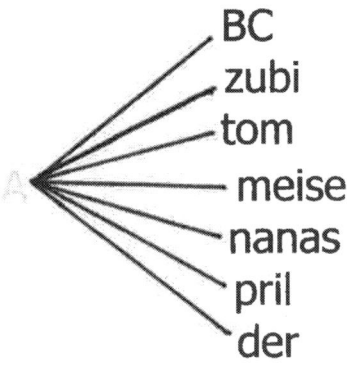

A
- BC
- zubi
- tom
- meise
- nanas
- pril
- der

AAAAAAAAAAAAAAAAAAAAAAAAAAAAAAAAAAAAAAAAAAAAAAAAAAAAAAAAAAAAAAAAAAAAAAAAAAA

ANNA
versteckt
sich
in der
ANNANAS.

AN
ANA
ANAN
ANNANA
ANNANAS
ANNANAS
ANNANAS
ANNANA
ANANAS
ANANAS

Des Rätsels Lösung:

Zu 1   Bart – Trab; Beil – lieb; Eid – die; Eber – Rebe; ein – nie; Eis – sie; Ella – alle; Esel – lese; Gitter – Rettig; Gras – Sarg; Lage – egal; Lager – Regal; Nebel – Leben; Nenner – Rennen; Not – Ton

zu 2   **Küste, Wüste**

zu 3   Das l

zu 4   Das B und die **Blätter**

zu 5   Brot – rot

zu 6   **und**

zu 7   Stern – Stirn

zu 8   Q = „Kuh"

zu 9   T = „Tee"

zu 10   R in g = Ring

zu 11   vier l in g = Vierlinge

zu 12 Te-Gesellschaft – Teegesellschaft

Krokodil, Vorderfuß

Wikipedia

Krokodile

Krokodile leben in Flüssen und Seen in tropischen Ländern. Sie besitzen hoch liegende Augen und Nasenlöcher. Das ermöglicht ihnen, ganz flach über dem Wasserspiegel zu schwimmen und sich der Beute unauffällig zu nähern. Das Anheben der Schnauze ermöglicht ihnen noch zu atmen und zu sehen. Ihre Atmung ist der Lebensweise im Wasser angepasst. Beängstigend ist das Gebiss der Krokodile. Ihre Zähne sind wie bei einem Rechen angereiht. Der Zahnwechsel bei jüngeren Tieren erfolgt mehrmals im Jahr. Bei älteren Tieren kann es bis zu einem 50-maligen Zahnwechsel kommen. Sie sind Fleischfresser und ziehen ihre Beute unter das Wasser, um sie zu ertränken.

Ein regungsloses Krokodil

Ein regungsloses Krokodil
Schläft stundenlang im trüben Nil.

Sein Maul ist voller spitzer Zähne
Angereiht wie beim Pferd die Mähne.

Doch nähert sich ein Kakadu,
Blitzschnell schlägt es zu.

Dann legt es sich zum Baden
In einen seichten Wassergraben.

Müde schließt es seine Augen zu,
Und träumt von einen Känguru.

Sanft haben Algen es zugedeckt,
Ein Mückenstich hat es wieder geweckt.

Wo leben die Krokodile vorwiegend?_____

_____

Was fressen die Krokodile hauptsächlich?_____

_____

Was macht ein Krokodil so gefährlich?_____

_____

Könntest du zu Hause ein Krokodil halten?_____

_____

✏ Kreuze das Richtige an!

Meine Ki, Ka, Katze O. # Meine Ki, Ka, Tatze O.
Ri, ra, rief O. # Schli, schla, schlief O.
Sie pi, pa, putzt sich O. # Sie ri, ra, ruft sich O.
Dann gi, ga, geht sie O. # Dann sti, sta, steht sie O.

✏ Kreuze den richtigen Satz an!

Katzen fangen Mäuse O. # Katzen nennen ihren Namen O.
Katzen legen Eier O. # Katzen bekommen Junge O.
Katzen haben Schuhe O. # Katzen haben ein Fell O.
Katzen haben Finger O. # Katzen haben Krallen O.

✏ Kreuze die Reimwörter an!

Katzen O	Maus O	nennen O	gehen O	putzen O
Tatzen O	Mus O	rennen O	sagen O	nutzen O
Leben O	Haus O	brennen O	stehen O	patzen O
Spatzen O	Laus O	brummen O	sehen O	stutzen O

Katzen — haar
— auge
— haus
— korb
— musik

Katzen — futter
— schwanz
— baum
— jammer
— wäsche

schreiben

Mit dem Scheiben halten wir unsere flüchtige Sprache fest.
Wir können nichts mehr vergessen. Die Schrift ist „das
Gedächtnis der Völker". Alles Wissen der letzten Jahr-
tausende hat uns die Schrift überliefert (in Büchern).

Die Erfindung der Schrift war eine sehr bedeutsame
Errungenschaft der Menschheit und ist es bis heute noch.

Vielleicht wurde die Schrift so erfunden?
Ein Arbeiter machte nach jedem Sack, den er von einem
Schiff entladen hatte, einen Strich: I
Nach dem zweiten Sack den zweiten Strich,   II
und so weiter. Am Abend konnte er leicht nachzählen,   III
wie viele Säcke er entladen hatte.
Diese Striche wurden bei den Römern auch als Zahlen
verwendet. In alten Uhren siehst du die einfachen Striche
auch als Zahlen: I II III IV V VI VII VIII IX X XI XII
$\quad\quad\quad\quad\quad\quad\quad$ 1 2 3 4 5 6 7 8 9 10 11 12

Die Runenschrift besteht
fast nur aus Strichen:

f   u   þ(th)   a   r   k   g   w

Buchstaben aus unserem Alphabet

mit II Strichen:	L, T, V, X
mit III Strichen:	A, F, H, K, N, Y, Z
mit IV Strichen:	E, M, W

Schreibe deinen Namen auf und dann deine Unterschrift!

Kreuze an, was richtig ist!

Ein Stift hat meinen Namen geschrieben.   ja O, nein O
Ein Stift hat mir einen Brief geschrieben.   ja O, nein O

Das ist mein!

Zwischen Schülern kommt manchmal die Frage auf, wem gehört das eine oder andere Ding, vor allem wenn es sich um Gegenstände der gleichen Marke handelt.
Um Besitz wird viel in der Welt gestritten: Um politischen Einfluss, um Ölquellen, um Bodenschätze, um Ländereien ...
Oft entscheiden grausame Kriege darüber.
Im zivilen Bereich wird oft um Kleinigkeiten (Besitz) gestritten.

Folgende **Zitate** sollen uns nachdenklich stimmen!
Wir denken selten an das, was wir haben,
aber immer an das, was uns fehlt.

Arthur Schopenhauer

Wie denkst du darüber? _____
_____

Wir unterschätzen das, was wir haben und überschätzen das, was wir sind?

Marie von Ebner-Eschenbach

Bist du der gleichen Meinung? _____
_____

Wenn ich etwas verliere, überlege ich mir, ob es jemals wirklich mir gehört hat.

Elvira von Ortheim

Die Sehnsucht ist besser als der Besitz.

unbekannt

Ich kann einen Berg besteigen ohne ihn zu besitzen.

Theodor Kuch

Was wir haben
was wir hatten
was wir ...
eines Morgens ist alles fort.

Joachim Ringelnatz

17

Ein Bleistiftspitzer

Ein Bleistiftspitzer ist ein Gerät mit einer scharfen Klinge, die den Holzmantel eines Blei- oder Buntstiftes um die Mine herum abschält. Wird die Klinge stumpf, rupft sie nur noch am Holz statt es glatt abzuscheiden. Mit billigen Bleistiften hat man seine Not. Das Holz splittert und die Mine bricht häufig ab und verklemmt sich unter dem Messer. Als Anfänger ist man meist selber Schuld, wenn die Mine bricht, weil der Druck auf den Bleistift in die kegelförmige Öffnung ungleichmäßig war, man den Bleistift seitlich oder überhastet aus dem Spitzer zog. Spitzer gibt es mit und ohne Gehäuse zu kaufen. Sie sind meist aus Plastik bis auf das Messer. Freude am Spitzen hatte ich erst, als mein Vater sich eine Spitzmaschine anschaffte. Das Kurbeln machte mir viel Spaß und das Entleeren der kleinen „Schublade." Den Bleistift konnte man fest einspannen und das Messer kreiste um die Mine. Bestaunt habe ich meinen Opa, der spitzte mit seinem scharf geschliffenen Taschenmesser jeden Stift. Seine Spitzen wurden so lange und spitz wie es kein Spitzer schaffte. Ich versuchte oft Opas Schnitzkunst nachzumachen, es blieb bei kläglichen Fehlversuchen.

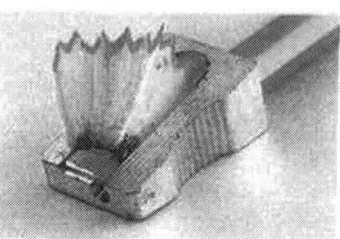

Spitzer

Spitzmaschine

frische Spitze

Wikipedia

Ordne die Satzteile richtig zu!

Jeder Schüler	ist er gut gespitzt.
Die Mine	einen Bleistift besitzt.
Nicht immer	bringt ihn schnell in Form.
Ein Spitzer	wieder an Klein- Fritze.
Das nennt er	bricht ihm oftmals ab.
Gleich spitzt ihn	ab an seiner Spitze.
Schnell stumpft er	einfach Pech gehabt.

Locher

Ein Locher fehlt in keinem Büro. Er stanzt Löcher in abzulegendes Papier. Eine Anschlagleiste ermöglicht es, die Löcher genau so zu stanzen, dass das Papier, ob DIN A4 oder DIN A5 in einen Ordner oder Schnellhefter passt. Der Locher wurde von Herrn Friedrich Soennecke in Bonn erfunden. Die ersten Locher wurden von der Firma Leitz verkauft, die vorher schon den dazu passenden Leitz-Ordner entwickelt hatte.

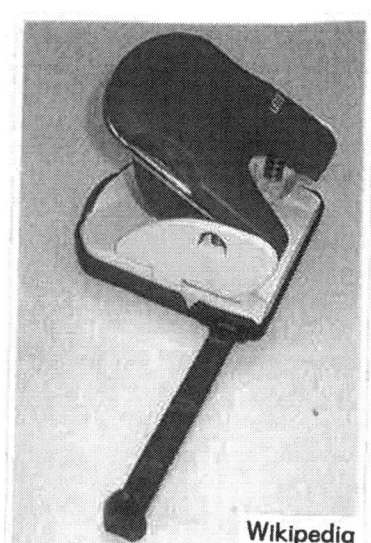
Wikipedia

Diese Firma ist heute noch führend in der Herstellung von Bürogeräten. Für die Reise gibt es einen ganz handlichen.

Verbinde die richtigen Satzteile!

Ein Locher ist ein Relikt	und nöcher.
Ein Locher stanzt noch	aus alter Zeit.
Gelochte Blätter werden	gafft nun Loch an Loch.
Die Papiere sollten darin	im Ordner abgelegt.
In den Papieren	besonders begehrt.
Im Fasching ist Konfetti	nicht entkommen.

Kreuze die Reimwörter an!

Loch O	Zeit O	Blatt O	Grund O	beißen O
Buch O	Streit O	Blut O	Hund O	heißen O
Koch O	weit O	Watt O	Mund O	lassen O
noch O	Brot O	matt O	Bund O	reißen O
doch O	breit O	glatt O	Band O	schmeißen O

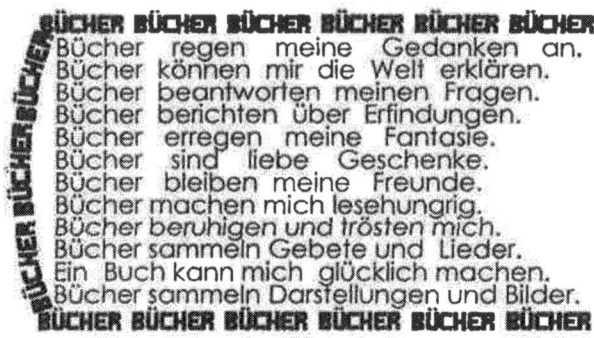

BÜCHER BÜCHER BÜCHER BÜCHER BÜCHER BÜCHER
Bücher regen meine Gedanken an.
Bücher können mir die Welt erklären.
Bücher beantworten meinen Fragen.
Bücher berichten über Erfindungen.
Bücher erregen meine Fantasie.
Bücher sind liebe Geschenke.
Bücher bleiben meine Freunde.
Bücher machen mich lesehungrig.
Bücher beruhigen und trösten mich.
Bücher sammeln Gebete und Lieder.
Ein Buch kann mich glücklich machen.
Bücher sammeln Darstellungen und Bilder.
BÜCHER BÜCHER BÜCHER BÜCHER BÜCHER BÜCHER

Die Erfindung der Schrift und des Buchdrucks waren eine
der wichtigsten Leistungen in der Menschheitsgeschichte,
von denen wir heute noch profitieren. Unsere gesamte
Kultur konnte sich nur ihretwegen entwickeln. Unser
Leben können wir uns nicht mehr vorstellen ohne Schrift
und ohne Buch. Mit der Schrift halten wir unsere
flüchtige Sprache fest und können sie so überliefern. Die
modernen Medien – wie beispielsweise PC, Smartphone...
– helfen uns dabei.

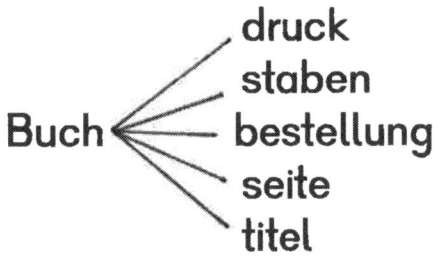

Buch –
druck
staben
bestellung
seite
titel

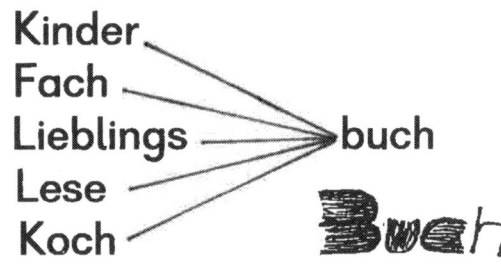

Kinder
Fach
Lieblings
Lese
Koch
buch

 Lies und versuche das Rätsel zu lösen!

Rätsel

Ich rede nicht – und bin doch nicht stumm.
Ich denke nicht – und habe doch Gedanken.
Ich vergesse nichts – und habe kein Gedächtnis.
Ich rede immer – und lass` nicht mit mir reden.
Ich höre nicht – und der, zu dem ich rede,
braucht nicht zu hören,
und dennoch red` ich nur, wenn man mich hört.

(Ein Buch)

Was K i n d e r gerne machen:

l a ch e n

l a ch e n

l a ch en

l a ch en

l a ch en

l a ch en

l a ch en

ha, ha, ha

he, he, he

hi, hi, hi

ho, ho, ho

Wie entsteht Un-Sinniges (Nonsens)?

Oft durch Verdrehen des Sinns,
durch sinnlose Zusammen-hänge,
und durch Gegensätze: Zum Beispiel:

grün	– beschneit (weiß)	schweigen	– sprechen
langsam	– blitz-schnell	tot – (Schlitt-Schuh) laufen	
sitzen	– stehen		

Dunkel war`s, der Mond schien helle
auf der grün beschneite Flur,

als ein Auto blitzeschnelle
langsam um die Ecke fuhr.

Drinnen saßen stehend Leute
schweigend ins Gespräch vertieft,

als ein tot-geschossener Hase
auf dem Wasser Schlitt-Schuh lief.

(Hentschel V.,
leicht verändert)

Ich und der Clown

Die Spiele eines Clown
Sind oft lustig an zu schaun.
Ganz gleich, was er macht.
Das Publikum über ihn stets lacht.
Wenn er über seine Füße fliegt,
Dafür würde ich gerügt.
Kann er die Trompete spielen,
Ich müsste dafür fleißig üben.
Schlimm für mich, verlöre ich die Hose,
Für den Clown eine beklatschte Pose.
Lauft er auf allen Vieren im Flur,
Bei mir hieße es, der hat keine Kultur.
Der Clown zieht viel zu große Schuhe an.
Zu mir würden sie sagen, du Dummian.
Zu lange Haare hängen über seinem Gehör.
Mich würde man schicken gleich zum Friseur.
Der Clown wälzt sich auf dem Boden.
Mir wird so etwas streng verboten.
Hätte ich im Sommer Hut und Handschuhe an,
Würden sie sagen, so ein verrückter junger Mann.
Der Clown stellt sich absichtlich dumm.
Mir aber nimmt man das stets krumm.
Wir bejubeln seine Stücke wundervoll.
Findet auch er sich selbst immer so toll?

DER GELOCHTE CLOWN
DER CLOWN WURDE MIT EINEM GESICHT GEBOREN.
FREIWILLIG HAT ER ES BALD VERLOREN.
ER WOLLTE, DASS MAN IHN BESSER DURCHSCHAUT.
IHM VIEL MEHR ALS NUR SPÄSSE ZUTRAUT.
EIN CLOWN ZIEHT UNS STETS IN SEINEN BANN.
SEHEN WIR IHN, FANGEN WIR SCHON ZU LACHEN AN.
MANCHMAL IST ER GANZ GEWITZT,
WENN ER HEIMLICH ETWAS STIBITZT.
ER STELLT SICH OFT DÜMMER ALS ER IST.
ERSTAUNLICHE KUNSTSTÜCKE FÜHRT ER VOR ALS ARTIST.
VOR KINDERN GIBT ER SICH MEIST HEITER.
ER LÄSST ERKENNEN, ICH BIN DOCH GESCHEITER.
ALL SEINE GEHEIMNISSE WILL ER UNS NICHT VERRATEN.
AUCH NICHT, WIE DAS LOCH IST IN SEINEM BAUCH GERATEN.

Aus was besteht unser Clown im Gedicht?_____

Welche Aufgabe hat ein Clown? _____
_____

Hast du schon einmal einen Clown gesehen?_____

Gefallen dir die Späße des Clowns und warum? _____
_____

Könntest du einen Clown selbst spielen? _____
_____

Kreuze an, was richtig ist!

Wir mit   , roter, weißer und schwarzer Hautfarbe sind gleich. O

Wir mit   , roter, weißer und schwarzer Hautfarbe sind nicht gleich. O

Wir mit   , roter, weißer und schwarzer Hautfarbe müssen streiten. O

Wir mit   , roter, weißer und schwarzer Hautfarbe sollen in Frieden

leben und uns gegenseitig helfen. O

Kreuze an, was sich reimt!

Kinder O	gleich O	streiten O	Haut O	Erde O
Rinder O	reich O	rechnen O	Laut O	Wade O
Retter O	weich O	reiten O	Braut O	Herde O
Inder O	Bach O	leiten O	Streit O	Pferde O

Das Spiel der Kinder

Kinder wollen in ihrer eigenen Welt spielen,
Auf nichts Bestimmtes abzielen.

Sie hüpfen, tanzen und bewegen sich im Kreis.
Sie spielen laut und abwechselnd seltsam leis`.

Sie lachen, sie scherzen, sie toben sich aus.
In ihrer Phantasiewelt eilen sie uns weit voraus.

Sie konzentrieren sich trefflich beim Spielen,
Sind traurig, wenn sie keine Siege erzielen.

Sie schrecken kaum vor einem Spiel zurück,
Sie haben zu tolerieren des anderen Glück.

Ich kann nicht immer der Beste sein.
Es stellen sich auch Niederlagen ein.

Schön ist bisweilen das Kräftemessen.
Alles können Kinder dabei vergessen.

Spielend erobern sie sich die Welt.
Noch kostet es nur Zeit, kein Geld.

Selbst das Leben ist ein spannendes Spiel.
Wer die Regeln kennt, erreicht das Ziel.

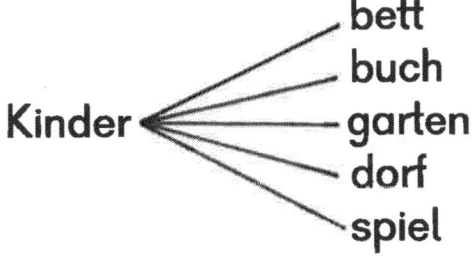

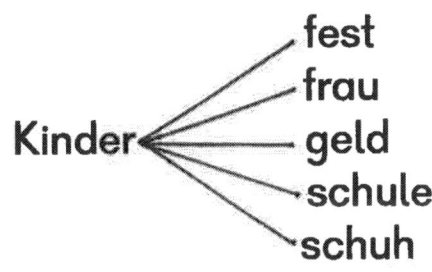

23

Fragen an dich.
Du brauchst nicht alle Fragen beantworten!
Wie sieht deine Flagge aus? Zeichne sie!

Wie geht es dir? _____

Wie heißt du? _____

Aus welchem Land kommst du? _____

Wer half dir bei der Flucht? _____

Wie viele Tage dauerte deine Flucht? _____

Warum bist du geflohen? _____

Würdest du noch einmal fliehen? _____

Wer hilft dir jetzt? _____
_____

Was gefällt dir hier am besten? _____
_____

Was war für dich am Anfang am schwersten? _____
_____

Was könnte besser sein? _____
_____

Welchen Beruf willst du einmal ergreifen? _____

Willst du hier bleiben? _____

Wie hältst du Kontakt mit deinen Eltern? _____
_____

Inländer oder Ausländer?

Gebet für Kinder

Manche Kinder sind gelb und manche schwarz,
doch ich bin weiß.
Manche Kinder sind braun und manche rot,
doch ich bin weiß.

Aber ich bin nicht besser als sie,
und sie sind nicht besser als ich.
Wir sind aber Kinder von Dir, lieber Gott.
Hilf uns, dass wir uns nicht hassen!
Hilf uns, dass wir uns verstehen!
Hilf uns, dass wir uns lieben!

Aus: Hans-Joachim Gelberg (Hrsg.):
Die Stadt der Kinder

Bin ich ein anderer Mensch, nur weil ich die Grenze eines anderen Landes betreten habe? Warum nicht? _____
_____
_____

Was wünsche ich mir von den Menschen, bei denen ich jetzt bin? _____
_____

Was habe ich schon versucht, um von meinen Mitmenschen besser anerkannt zu werden? _____
_____

Was werde ich noch tun, um noch besser angenommen zu werden? _____
_____

Wie steht es mit der deutschen Sprache bei mir? _____
_____

Die Bedeutung der Sprache

Unsere erste Sprache haben wir in der Regel von unserer Mutter gelernt – wir nennen sie daher auch Muttersprache. Ihr Erlernen verläuft problemlos. Eine weitere Sprache zu erlernen– vor allem als Emigrant – ist wesentlich schwieriger. Die neue Sprache zu beherrschen ist die wichtigste Voraussetzung, um zwischenmenschliche Kommunikation zu ermöglichen. Sie ist ein Sprungbrett, ein unverzichtbarer Schlüssel für alles Weitere. Beim Erlernen der neuen Sprache sind viele Hürden zu überwinden. Aber die Mühen zahlen sich aus. Der Lohn dafür ist groß: Das Selbstbewusstsein wächst, man lernt neue Freunde kennen, eine zusätzliche Kultur, ein Arbeitsplatz wird möglich, die Integration gelingt immer besser.

Was kann ich alles tun, um die neue Sprache zu erlernen?

_____

_____

Wieweit bin ich mit meinem Spracherwerb zufrieden?

_____

Könnte ich noch mehr Zeit und Mühe aufwenden zum Erlernen der Sprache?

_____

Könnte ich mit Gleichgesinnten gemeinsam lernen?

_____

Was könnte ich noch zusätzlich unternehmen? z. B. in einen Verein eintreten (Fußball, Basketball, Turnen, Gymnastik ...)
Zeitungen, Zeitschriften und Bücher lesen, mich in einer Bibliothek anmelden, zusätzliche Sprachkurse besuchen (Volkshochschule, Kolping ...), Angebote im Internet versuchen, deutsche Bekannte oder Freunde bitten mit mir zu lernen ...

Was sollte ich unbedingt noch zusätzlich unternehmen?

_____

Was kann ich tun, um Freunde zu gewinnen?

_____

_____

Was kann ich tun, um mich gut einzugewöhnen?

_____

✏️ Streiche durch, was du zu deinem Freund nicht sagen würdest!

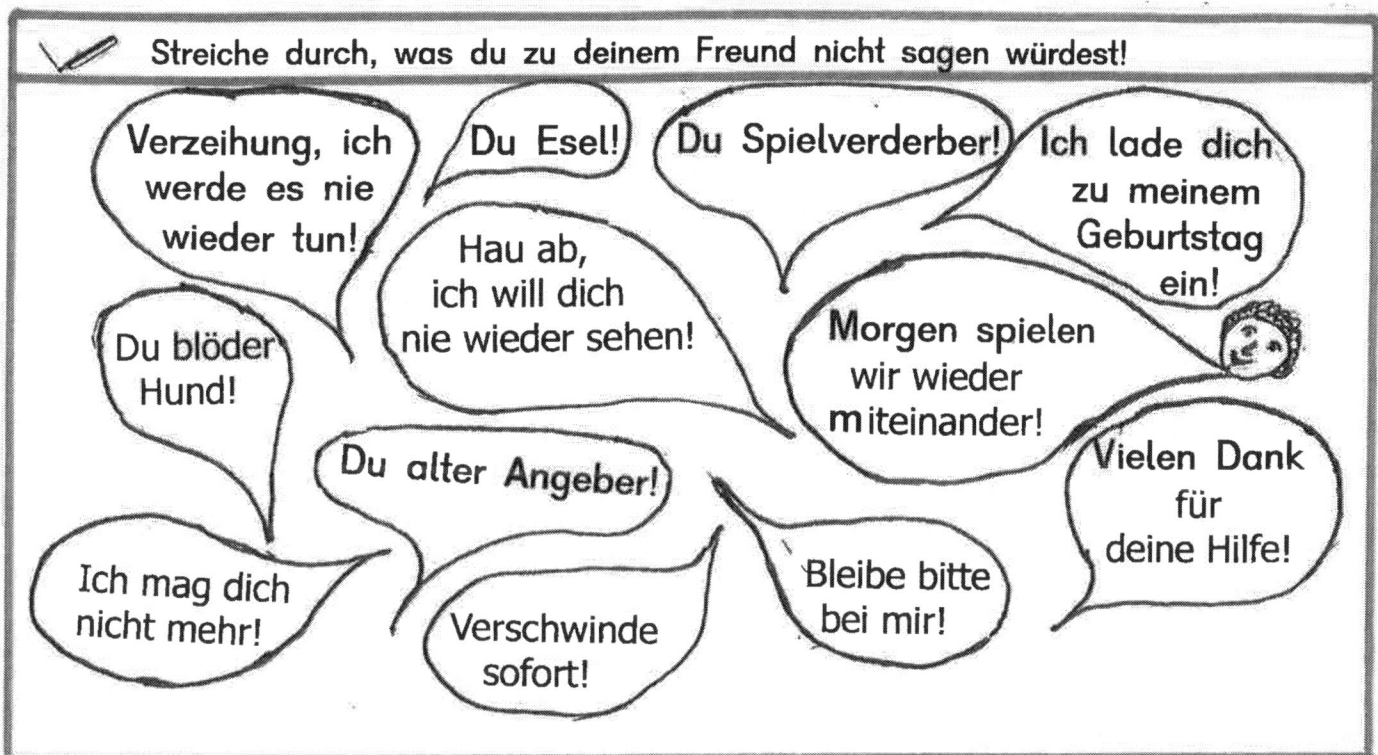

Ein unnötiger Streit?

Jeder will der Beste sein.
Der Löffel setzt als erster ein.

Ich schöpfe jede Flüssigkeit,
Die euch beiden entgleit`.

Entrüstet sagt die Gabel.
Jeden Brocken steck` ich in den Schabel.

Ich bin weit besser,
Antwortet das Messer.

Ich schneide große Stücke klein,
Die besser gehen in das Mündchen rein.

Mit dir, Messer, kann man keine Erbsen essen.
Mit dir, Gabel, Suppe löffeln, ist vermessen.

Schwierigkeiten jeden ereilen,
Will er mit dem Löffel Schnitzel teilen.

Mit Löffel, Gabel und Messer
Isst es sich jedenfalls besser.

Wer ordentlich essen will,
Zeigt beim Speisen Stil.

Löffel, Gabel und Messer
Euch braucht ein gepflegter Esser.

Unterlasst in Zukunft euren Streit!
Mit euch zu essen macht nur Freud`.

✏️ Kreuze die Reimwörter an!

Wort ◯	Streit ◯	Kleid ◯	mal ◯	Pfahl ◯
Maus ◯	Haus ◯	Neid ◯	egal ◯	Streit ◯
Sport ◯	Zeit ◯	Leid ◯	vital ◯	Stahl ◯
Hort ◯	weit ◯	Wort ◯	vokal ◯	Zahl ◯
Esel ◯	bereit ◯	Haus ◯	weit ◯	Wahl ◯

Ordne die Sätze den Bildern der Reihe nach zu!

Der eingebildete Kranke

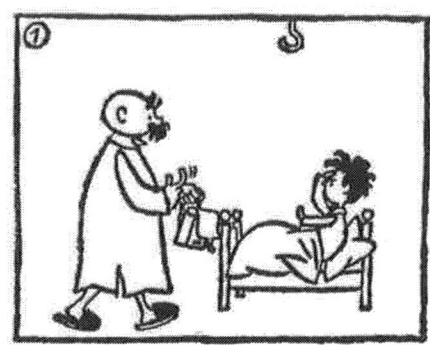

O Peter muss jetzt schlafen.

O Peter bekommt
   Ein Tuch um die Stirn
   und heißen Tee.
   Dann hängt Vater
   das Bett an einen Haken.

O Als Vater zurückkommt,
   steht Peter im Bett
   und schaukelt.

O Vater liest vor
   und schaukelt Peter.

O Peter jammert:
   „Vater ich bin krank.
   Ich kann nicht
   in die Schule gehen".

O Da ruft Vater:
   du bist ja gesund!
   Geh`sofort in die Schule!

Jeder Mensch hat seine eigene Meinung

Wir Menschen sind verschieden, auch unsere Anschauungen und Meinungen. Der eine liebt rot, ein anderer gelb und wieder ein anderer grün.

Ein Sprichwort sagt: Allen Leuten recht getan, ist eine Kunst, die niemand kann.

Welche Farbe magst du am liebsten? _____

Welche Farbe magst du nicht? _____

Hat Moni recht? _____

Was meinst du dazu? _____

Was meint Tim mit dem Feuerwehr-Auto? _____

_____

Was meint Lilo mit der Post? _____

_____

Das Rad

Wer einst das Rad erfunden,
Sein Name ist entschwunden.

Geblieben ist sein geniales Rad,
Eine einmalige weltumwälzende Tat.

Lasten wurden auf Schlitten gezogen,
Oder die Schultern der Arbeiter verbogen.

Ein Schlauer erfand ein Baumscheibenrad.
Jetzt konnte man rollen auf steinigem Pfad.

Zum Rad ersann er eine Achse dazu.
Ein fahrbarer Wagen ergab sich im Nu.

Nur weniges wurde noch auf dem Rücken getrager
Man spannte sogar kräftige Tiere vor den Wagen.

Als nächstes das Wind- und Wasserrad entstand.
Die leisteten enorme Kraft, wie jedem bekannt.

Das Windrad trieb die schweren Mühlen an.
An den Bach das klappernde Wasserrad kam.

Immer mehr Räder wurden erfunden.
Im Lexikon kannst du dich erkunden.

Ein schlauer Kopf das Zahnrad ersann.
Jetzt trieben sich die Räder gegenseitig an.

Das erste Fahrrad musste man mit Füßen antreiben
Das Zahnrad mit Kette konnte das vermeiden.

Zum Bau eines Motors war's nicht mehr weit,
Der uns von vielfältiger harter Arbeit befreit.

Eingebaut wurde er in Autos und Traktoren.
Sie wurden zum Fahren und Ziehen auserkoren.

Motoren sind uns im Staubsauger vertraut,
In Maschinen und Bahnen sind sie einbebaut.

Räder bewegen die gesamte Welt.
Nichts geht mehr, wenn nur ein einziges fehlt.

Zerbrochenes Glas

Kreuze an, was richtig ist!

Glas ist nicht durchsichtig.	O	Glas ist leicht zerbrechlich.	O
Glas ist durchsichtig.	O	Glas ist fest wie Stahl.	O
Glas ist lichtdurchlässig.	O	Glas ist weich wie Butter.	O

Streiche die falschen Wörter durch!

Manchmal denke ich mir | so was | irgendwas.

| Und zum Spaß | nur so zum Spaß |

denke ich mir jetzt, ich bin aus | Gras | Glas.

Alle Leute, die da | unten | auf | der Straße gehen,

| wollen alles sehen | bleiben stehen,

um einander durch | mich | dich | anzusehen.

Und die | vielen | kleinen | Kinder schrein:

| Ei wie fein! | Oh wie rein!

Jch, ich, ich will auch | unwichtig | durchsichtig | sein!

Doch ein | Lümmel | Schimmel | stößt mich in den Rücken.

| Jch fliege weg . . . | Jch falle hin . . .

Klirr, da liege ich in tausend | Mücken | Stücken.

Ach, ich bleibe lieber, | wie | was | ich bin!

Glas
- dach
- fenster
- scheibe
- faser

Wein
Fenster
Fern
Brillen
→ glas

Kleine und große Wünsche

Wir alle haben Wünsche, kleine und große. Manche Wünsche gehen in Erfüllung – meist sind es die kleinen. Für große Wünsche muß man sich sehr bemühen. Oft bleiben sie unerfüllt ein Leben lang.

Denk darüber nach, was ein weiser Dichter einmal gesagt hat: „Unerfüllte Wünsche sind besser als ihre Erfüllung".

Mein Lieblingstier ist_____

Welches Tier möchtest du gar nicht? Warum nicht? _____
_____

✎ Verbinde die richtigen Sätze!

Ich hätte so gern	mir nicht zu viel.
Das Füttern wär`	ist viel zu klein.
„Deine Badewanne	ein Krokodil.
Ich hätte so gern	ihn zu groß befand.
Das hüpft	einen Elefant.
Ich hätte so gern	im Garten immerzu.
Meine Mutter	ein Känguru.

 Kreuze die Wörter an, die sich reimen!

Tier O	viel O	Mutter O	Garten O	Hahn O
Bier O	voll O	Futter O	Karten O	Bahn O
Bart O	Ziel O	Kutter O	warten O	Zahn O
Stier O	Spiel O	Kater O	Laden O	Kahn O

Das große Ganze der Welt: ein Blick
ins Universum (Hubble Deep Field)   Wikipedia

Unsere Erde ein Glück

Unsere **Erde** ist unser Glück. Ihr verdanken wir unser Leben.
Sie ist nicht zu heiß und nicht zu kalt:
Auf der **Sonne** herrschen 6000 ° C. Auf ihr ist kein Leben möglich.
Der **Merkur** hat eine Nachttemperatur von minus 170 ° C.
Bei dieser Temperatur gibt es kein Leben.
Der **Mars besitzt** kein Wasser. Ohne Wasser gibt es kein Leben.
Der **Mond** hat keinen Sauerstoff. Ohne Sauerstoff kein Leben möglich.
Sonne, Mond, Merkur und Mars, das sind alles tote Sterne.

Unsere Erde hat von allen lebenswichtigen Bedingungen die nötige
Menge – ein glücklicher Zufall. Kein Stern unter den unzähligen
Sternen im Weltall hat die gleichen lebenswichtigen Voraussetzungen.
Unsere Erde ein Glücksfall, „ein lieber Stern".

Verbinde die richtigen Satzteile!

Ich weiß einen Stern	wir haben ihn gern:
Wir sind seine Kinder,	darauf herrliche Schiffe, durch Meere zieh`.
Erde, so heißt er	darauf man lachen und weinen kann.
Ich weiß einen Stern	unser lieber Stern.

Kreutze alle Wörter an, die sich reimen!

Stern O	Kinder O	alt O	kennen O	reiben O	Erde O
Kern O	Mader O	kalt O	rennen O	bleiben O	Pferde O
Horn O	Rinder O	halt! O	nennen O	schreiben O	Weide O
gern O	Blinder O	Welt O	brennen O	hobeln O	Herde O

Die Zauberwörter **bitte** und **danke**

Der Satz „Gib mir dieses Blatt!", hat einen befehlsmäßigen Ton. Er klingt deutlich höflicher mit dem Wort **bitte**: „Gib mir **bitte** dieses Blatt!"

Bitte ist eine höfliche Art und Weise, etwas Wünschenswertes zu erreichen. Die Wörter **bitten** und **danken** sind in unserer Sprache tief verwurzelt. Dazu einige Sprachwendungen:

„Tu mir das **bitte** nicht an!"

„Wenn ich **bitten** darf!"

„Ich **bitte** um Verzeihung!"

Das Gegenwort von **bitten** ist **danken**. Für einen erfüllten Wunsch oder eine Hilfe sollte man sich aus Dankbarkeit und Höflichkeit bedanken mit dem schlichten Wort **danke**!

Auch in den Religionen ist Dankbarkeit zu Hause:

Danke für diesen guten Morgen

Dan - ke   für die - sen gu - ten Mor - gen, dan - ke
für je - den neu - en Tag.   Dan - ke,   daß ich all
mei - ne Sor - gen   auf dich wer - fen   mag.

Danke für alle guten Freunde, / danke, o Herr, für jedermann. / Danke, wenn auch dem größten Feinde / ich verzeihen kann.

Danke für meine Arbeitsstelle, / danke für jedes kleine Glück. / Danke für alles Frohe, Helle / und für die Musik.

Danke für manche Traurigkeiten, / danke für jedes gute Wort. / Danke, daß deine Hand mich leiten / will an jedem Ort.

Danke, daß ich dein Wort verstehe, / danke, daß deinen Geist du gibst. / Danke, daß in der Fern und Nähe / du die Menschen liebst.

Danke, dein Heil kennt keine Schranken, / danke, ich halt mich fest daran. / Danke, ach Herr, ich will dir danken, / daß ich danken kann.

Text und Melodie: Martin Gotthard Schneider (1961) 1963

Wofür ich dankbar bin:_____

_____

Wem ich dankbar bin:_____

_____

Ein einziges Wort

Eine Frau beobachtete einen alten Mann, der jeden Tag zum Briefkasten ging. Aber er bekam keine Briefe mehr. Seine Frau und seine Kinder waren schon verstorben. Die Frau fragte den alten Mann,
warum er immer wieder den Briefkasten aufschließt, obwohl keine
Briefe mehr ankommen. „Ich lebe von der Hoffnung, es könnte
doch wieder einmal ein Brief darin liegen."
Für diesen alten Mann wäre ein einziges Wort schon viel,
ein Brieflein noch viel mehr.
Kennst du einen Menschen, der sich über ein Brieflein
von dir freuen würde?

Suche eine Brieffreundin

Tilli kam in die Schule und hatte bald viele Freunde. Aber keiner
wohnte in ihrer Nähe. Sie musste allein in die Schule und wieder nach Hause gehen. Nach der Hausaufgabe und besonders
am Samstag und Sonntag fühlte sie sich allein. Sie hatte keine
Freundin, mit der sie lachen, tollen und spielen konnte. Da kam
Tilli eine Idee. „Wie wäre es mit einer Brieffreundin?". Einige
Tage später fasste sie Mut. Sie ging zu ihrem Rektor und bat
ihn, ihren Zettel in der Schule am Schwarzen Brett aufhängen
zu dürfen. Dem Rektor gefiel der Mut und die Idee. Er heftete
selbst den Zettel ans Schwarze Brett:

Ich heiße Tilli Koch und
suche eine Brieffreundin.
Ich wohne in der Bachstraße 2
3033 Kinderstadt

Wer will, kann mir auch eine E-Mail schicken!
Meine E-Mail-Adresse: koch@de

Was könnte alles besser sein?

_____

_____

_____

_____

_____

_____

_____

_____

_____

_____

_____

_____

_____

_____

_____

_____

_____

_____

_____

_____

groß
und

klein

✗ Kreuze richtig an, was das Mädchen denkt!

Ich bin schon sehr klein.	O
Ich bin schon sehr groß.	O
Mein Brüderchen ist viel größer als ich.	O
Mein Brüderchen ist viel kleiner als ich.	O

✎ Kreise alle ich und ein ein!

ich	**ich**		ein
	nicht	ein	nein
	Licht		klein
	Sicht		Stein
	dicht		Wein

✗ Kreuze alle Reimwörter an!

groß	O	klein	O
klein	O	groß	O
Floß	O	fein	O
Stoß	O	rein	O

🩹 Wörter, die du nicht verstehst, lass dir vom Translator in deine Muttersprache übersetzen!

klein

groß

✏ Kreuze an, was richtig ist!

Was ist klein?		Was ist groß?	
eine Ameise O		eine Kuh O	
eine Amsel O		ein Vogel O	
ein Elefant O		ein Eisbär o	
eine Maus O		ein Esel O	
eine Kuh O		ein Elefant O	
ein Igel O		eine Katze O	

✏ Kreuze an, was richtig ist!

Was ist klein und wird groß?

ein kleines Baby O
ein rotes Auto O
ein Samen O
ein leerer Ballon O
ein junger Baum O

Was ist groß und wird klein?

ein brennender Holzhaufen O
ein einstürzendes Haus O
ein junger Elefant O
ein Schneemann an der
Sonne O

✏ Kreuze die Reimwörter ein!

Maus O	Hund O	Taube O	Katze O
Haus O	Mund O	Regen O	Bett O
Laus O	Grund O	Traube O	Glatze O
Weg O	rund O	Rebe O	Tatze O
Saus O	Sonne O	Glaube O	Haus O

Was ich alles kann:

Kreise das gesuchte Wort ein!

rennen	holen	sagen	kennen	reden	tragen	(rennen)
kennen	stehen	hören	schlafen kennen	sagen	laufen
trennen	rennen	holen	sagen	trennen	lesen	reden
brennen	kennen	reden	traben	stehen	reden	brennen

Kreuze die Reimwörter an!

laufen	O	ringen	O	rennen	O	schreiben	O
raufen	O	singen	O	stehen	O	bleiben	O
kaufen	O	holen	O	trennen	O	reiben	O
leben	O	springen	O	brennen	O	sagen	O
raufen	O	bringen	O	reden	O	treiben	O

Verbinde die richtigen Wörter!

Bäcker   Friseur   Schreiner

heilen   backen   jagen

Jäger   Haare schneiden   Maler
schmieden   Koch   Gärtner   schweißen
kochen   Schmiede   Arzt   Auto-Mechaniker
lehren   Dach-Decker   Kraft-Fahrer   malen

reparieren   Lehrer   Dach decken   Schweißer

Kranken-Pfleger   pflanzen   sägen
fahren   pflegen

 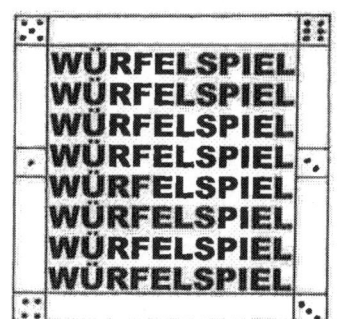 

WÜRFELSPIEL
WÜRFELSPIEL
WÜRFELSPIEL
WÜRFELSPIEL
WÜRFELSPIEL
WÜRFELSPIEL
WÜRFELSPIEL
WÜRFELSPIEL

Welches Spiel spielst du am liebsten? _____

Warum magst du dieses Spiel? _____
_____

Welche Spiele schaust du dir gerne an? _____
_____

Welche Spiele spielst du mit deinen Freunden? _____
_____

Welche Spiele magst du gar nicht? _____
_____

Warum magst du sie nicht? _____

zeit	End
regel	Wurf
feld	Zu
Spiel → plan	Punkt
stand	Spitzen → spiel
freude	Feld
platz	Ball
zeug	Lauf
ball	Heim

Kreuze die Reimwörter an!

Spiel ○	spielen ○	Ball ○	Lauf ○	Kasse ○
Ziel ○	laufen ○	Stall ○	Wurf ○	Klasse ○
viel ○	zielen ○	Berg ○	Kauf ○	Masse ○
Wahl ○	schielen ○	Fall ○	Dorf ○	Tasse ○

Schwimmen im Meer, in Seen, in Flüssen und Schwimmbecken ist eine beliebte Freizeitbeschäftigung. Es macht viel Freude und kann lebensrettend sein. Es ist nicht schwer schwimmen zu erlernen.
Dazu einige Baderegeln für Schwimmer und Nichtschwimmer.
Nichtschwimmer ist, wer nicht schwimmen kann:

Baderegeln auch für dich!

Leg dich nicht stundenlang ungeschützt an die Sonne! Creme dich ein!

Geh nicht mit einem vollen oder leeren Magen ins Wasser!

Kühl dich immer ab, wenn du ins Wasser gehst!

Geh als Nicht-Schwimmer nur bis zur Brust ins Wasser!

Kreuze die Reimwörter an!

Bad O	schwimmen O	Sonne O	kalt O	See O
Rad O	stimmen O	Krone O	Spalt O	Bad O
Bart O	glimmen O	Wonne O	Gehalt O	Tee O
Grad O	trimmen O	Tonne O	Gewalt O	Fee O

Streiche die falschen Wörter aus!

Heute will die Sonne gar nicht scheinen weinen.

Mutter sagt zu Werner: „Es ist viel zu kalt zu warm zum Baden.“

Werner sagt: „Dann ziehe ich eben zwei drei Badehosen an!“

Kreuze an, was Mutter und Willi gesagt haben!

Mutter: „Du kannst mir schnell helfen!" O

Mutter: „Du kannst mir schnell etwas einkaufen!" O

Willi sagt: „Ich soll für mich einkaufen, nein, Mutter,
das kann ich nicht!" O

Willi sagt: „Ich soll für dich einkaufen, nein, Mutter,
einkaufen, das kann ich nicht!" O

Kreuze an, was Willi kann!

lesen O   lenken O   retten O   turnen O   Fenster putzen O
schreiben O   einkaufen für Mutter O   rechnen O   helfen O
schwimmen O   telefonieren O   mit dem Fußball spielen O

Kreuze an, was richtig ist!

Was brauche ich nicht lernen?   Muss ich atmen lernen? O
Muss ich lesen lernen? O   Muss ich Auto fahren lernen? O
Muss ich schlafen lernen? O   Muss ich rechnen lernen? O
Muss ich fernsehen lernen? O   Muss ich sparen lernen? O

Kreuze die Wörter an, die sich reimen!

lenken O	gehen O	sagen O	Mutter O
denken O	eilen O	fragen O	Vater O
danken O	sehen O	reden O	Butter O
schenken O	stehen O	tragen O	Futter O

Lies die Reimwörter laut und deutlich!

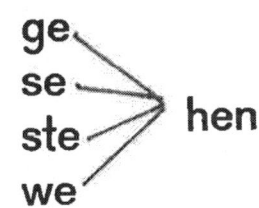

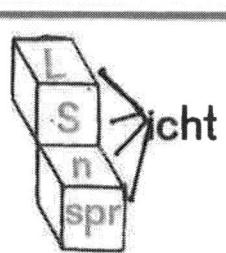

Streiche die falschen Wörter aus!

| Wurzeln | Windeln | möchte ich, Wurzeln, | die roten | die gelben. |

| Der Gemüsehändler | der Autohändler | wird immer ratloser. |

| Ich | du | habe mein Gemüse | fürs Abendessen | fürs Mittagessen. |

Das Märchen vom Rübenziehen

Ihr kennt das Märchen vom Rübenziehen,
Das zu einem Tauziehen gediehen.

An der Rübe zog vergeblich der Opa an.
Tatkräftig half ihm Oma als Kumpan.

Auch ein hilfswilliges Kind
Eilte herbei geschwind.

Auf dem allerletzten Schritt
Halfen Hund, Katz` und Maus noch mit.

Sie zogen und zogen und zogen.
Plötzlich flogen sie im hohen Bogen.

Die Rübe gab endlich auf.
Alle fielen aufeinander drauf.

Was ist am Ende für die Lieben
Vom Rübenziehen übrig geblieben?

Ihr könnt es euch denken doch,
Ein tiefes, tiefes Rübenloch!

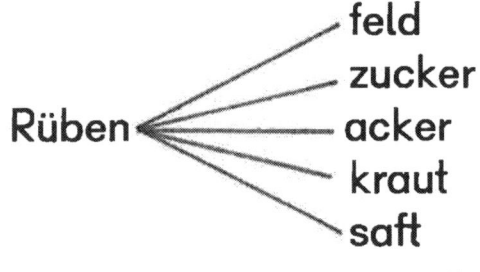

Rüben —— feld
       —— zucker
       —— acker
       —— kraut
       —— saft

Gelbe
Zucker
Futter —— rüben
Rote
Feld

Kreuze die Reimwörter an!

ziehen O	Felder O	wurzeln O	erwachsen O
fliehen O	Händler O	stürzen O	erwachen O
erziehen O	Melder O	purzeln O	gewachsen O
reisen O	Gelder O	entwurzeln O	verwachsen O

Jeder von uns hat eine Mutter

Sie hat uns auf die Welt gebracht.
Sie hat Tag und Nacht an uns gedacht.

Sie hat uns ernährt, uns sauber gehalten.
Sie hat alle Gefahren von uns abgehalten.

Sie hält uns wie eine Glucke geborgen.
Sie begleitet unser Leben mit all seinen Sorgen.

Doch der Tag bleibt nicht aus,
an dem wir verlassen ihr Haus.

Doch eine innige Beziehung bleibt bestehen
und wir freuen uns, bis wir uns wiedersehen.

Verbinde die richtigen Satzteile!

Von allen Müttern auf dieser Welt	und mit mir rodelt, mit mir singt.
Auch wenn sie aus dem Fenster winkt	ist keine, die mir so gefällt.
Wie meine Mutter, wenn sie lacht,	dass wir uns fanden-sie und ich.
Und nachts in Ruhe bei mir sitzt	mich ansieht oder gar nichts macht.
Und hin und wieder wundert`s mich	wenn`s draußen wettert, donnert, blitzt.

Bernds und Mutters Rechnungen

Eine Rechnung kann man normalerweise für eine Leistung oder eine gelieferte Ware stellen. Zwischen Bernd und seiner Mutter entstand ein Konflikt, den Bernd verursacht hatte ohne zu überlegen, was eine Mutter leistet. Bis ein Kind selbständig ist, leistet eine Mutter unbeschreiblich viel. Ein neugeborenes Kind ist völlig hilflos. Ohne mütterliche Hilfe wäre es nicht lebensfähig, es müsste sterben. Die Mutter ernährt und säubert das hilflose Kind. Sie schützt es vor Gefahren, sie führt es in die Umwelt ein, lehrt es sprechen, mit den Mitmenschen zu kommunizieren, pflegt es gesund, hilft ihm bei Schulaufgaben und bereitet es auf das Leben vor ... Viele Jahre dauert es, bis ein Kind selbständig ist. Als Kindheit bezeichnen wir den Lebensabschnitt von der Geburt bis zur Pubertät. Die Kindheit dauert nach deutschem Recht 14 Jahre. Danach folgt das Jugendalter bis zum 18. Lebensjahr.

Hat das Kind richtig gehandelt? _____
_____

Hat die Mutter richtig gehandelt? _____
_____

Welcher Satz gefällt dir am besten? _____
_____

Wer darf rechtlich nur eine Rechnung stellen? _____
_____

Muss man eine Rechnung bezahlen? _____
_____

Wie lange muss man für das Finanzamt eine Rechnung auf-bewahren? _____
_____

Alles Leben ist endlich

Alle Leben ist endlich gleich ob Pflanze, Tier oder Mensch. Besonders schmerzlich ist es, wenn sich eine geliebte Person für immer verabschiedet hat. Über den Tod haben die Menschen seit jeher nachgedacht und ihre Gedanken schriftlich festgehalten: z. B. „Der Tod ist sicher, ungewiss seine Stunde." Von Carl Spitzweg sind einige Zeilen überliefert:

> Oft denke ich an den Tod, den herben,
> Und wie am End` ich`s ausmach?!
> Ganz sanft im Schlafe möcht ich sterben
> Und tot sein, wenn ich aufwach!

Hans-Peter Dürrs Auffassung zu diesem Thema möchte ich nicht unerwähnt sein lassen. Bei ihm scheint es keinen Grenzbereich zwischen Leben und Tod zu geben:
„Im Grunde gibt es Materie gar nicht. Jedenfalls nicht im geläufigen Sinne. Es gibt nur ein Beziehungsgefüge, ständigen Wandel, Lebendigkeit. Wir tun uns schwer, uns dies vorzustellen. Primär existiert nur Zusammenhang, das Verbindende ohne materielle Grundlage. Wir können es auch Geist nennen. Etwas, was wir nur spontan erleben und nicht greifen können. Materie und Energie treten erst sekundär in Erscheinung – gewissermaßen als geronnener, erstarrter Geist. Nach Albert Einstein ist Materie nur eine verdünnte Form der Energie. Ihr Untergrund jedoch ist nicht eine noch verfeinerte Energie, sondern etwas ganz Andersartiges, eben Lebendigkeit. Wir können sie etwa mit der Software in einem Computer vergleichen."

Wikipedia

✎ Kreuze die Reimwörter an!

Grab O	graben O	leben O	sterben O
Grube O	haben O	weben O	werben O
Stab O	schaben O	kleben O	gerben O
Trab O	heben O	heben O	laufen O

45

Worüber wir staunen können?

Verbinde die richtigen Satzteile!

Dass die Welt hinter den Bergen	du selber bist.
Dass, was dir im Spiegel begegnet	nicht zu Ende geht.
Dass die Erde rund ist	sich am Himmel dreht.
dass der Mond	und sich dreht.

Worüber wunderst du dich?

_____

_____

Was ist ein Schlaf? Wo ist unser Bewusstsein während des Schlafs?

_____

_____

Warum haben manche Menschen Glück und andere Pech im Leben?

_____

Warum sind manche Menschen gut und andere bös?

_____

_____

Warum können wir sehen, denken, reden?

_____

_____

Warum haben wir Schwächen?

_____

_____

Warum sind wir Menschen anders als Tiere?

_____

_____

Warum ist der ganze Mensch ein Wunder?

_____

_____

Warum müssen wir sterben?

_____

Wer mag das sein?

Du siehst ihn stets bei Sonnenschein.   Er wächst bei Sonnenuntergang,
Am Mittag ist er kurz und klein.   Und wird gar wie ein Baum so lang.

Er verfolgt dich auf Schritt und Tritt,   Nur bei Nacht legt er sich zur Ruh,
Wandert fortlaufend mit dir mit.   Und schließt wie du die Augen zu.

Wie Schatten entsteht

Schatten entsteht, wenn Licht einen lichtundurchlässigen Gegenstand nicht durchdringen kann. Hinter dem Gegenstand, der das Licht abhält, bildet sich sein Schatten. Den größten Schatten, den wir kennen, ist die Nacht. Jeder von der Sonne beschienene Baum wirft Schatten. Sonnenschirme halten das Licht der Sonne ab und spenden Schatten. Schon früh wurden Schattenspiele gepflegt. In China, Indonesien und Thailand haben Schattenspiele große Tradition. Kinder spielen auch gern mit dem Schatten. Mit einer oder beiden Händen werden Figuren gebildet (z.B. Tiere) und deren Schatten auf eine beleuchtete Fläche geworfen.

Ferdinand du Puigaudeau:
Schattenspiel

Wikipedia

weiß
weiß
weiß

weiß

weiß
weiß
weiß

✎ Kreuze an, was richtig ist!

Wann bist du blind? Bei hellem Sonnen-Schein: ja O, nein O
Wann bist du blind? Bei stockdunkler Nacht: ja O, nein O
Wann bist du blind? Bei verbundenen Augen: ja O, nein O

Kannst du dir helfen in deinem dunklen Zimmer,
wenn du das Licht einschaltest? ja O, nein O
Kann sich der Blinde in seinem dunklen Zimmer
helfen, wenn er das Licht einschaltet? ja O, nein O
Kann sich ein Blinder selbst helfen,
wenn er eine Taschenlampe mit nimmt? ja O, nein

Ein Blinder kann alles machen wie du:
In den Spiegel: ja O, nein O
Ein Blinder kann alles machen wie du:
Seine Freunde sehen: ja O, nein O

Ein Blinder kann vieles nicht wissen, weil er nicht sehen kann.
Ein Sehender kann einem Blinden nicht alles erklären, obwohl
er es erklären möchte.

Früher konnten Blinde nicht lesen, bis eine Schrift erfunden
wurde, die Blinde ertasten können: Die Brail-Schrift

Kreuze die Reimwörter an!

sehen O	blind O	fühlen O	hören O	weiß O
leben O	Hand O	spüren O	helfen O	bloß O
stehen O	Kind O	reden O	stören O	Fleiß O
gehen O	Wald O	kühlen O	schwören O	heiß O
wehen O	Wind O	glühen O	regnen O	Schweiß O

```
COMPUTERCOMPUTERCOMPUTER
COMPUTERCOMPUTERCOMPUTER
CO                      CO
MP                      MP
UT                      UT
ER                      ER
CO                      CO
MP                      MP
COMPUTERCOMPUTERCOMPUTER
COMPUTERCOMPUTERCOMPUTER
```

```
Tastatur
Tastatur
Tastatur
```

```
abgestürztabgestürztabgestürztabgestürztabgestürzt
abgestürzt              abgestürzt
abgestür               abgestür
abgestü                abgestü
abgest                 abgest
abges                  abges
abge                   abge
abg                    abg
ab                     ab
a                      a
```

Male einen Computer!	
Male einen Monitor!	
Male eine Tastatur!	

Kreuze an, was richtig ist!

Mit dem Computer kannst du lernen, schreiben. ja O, nein O
Mit dem Computer kannst du baden und laufen. ja O, nein O

Mein Computer ist seit heute mit mir per sie. ja O, nein O
Mein Computer ist ein rätselhaftes Genie. ja O, nein O

Tag und Nacht kann er E-Mails verschütten. ja O, nein O
Tag und Nacht kann er E-Mails verschicken. ja O, nein O

Lies die Reimwörter laut und deutlich!

Mut	Nacht	schicken	lügen	gekommen
Hut	Macht	nicken	rügen	willkommen
Gut	Pracht	klicken	pflügen	verkommen
Blut	Schacht	blicken	genügen	entkommen

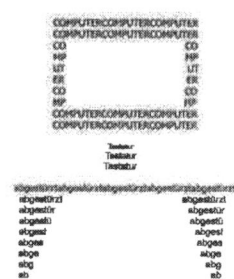

✎ **Kreuze an, was richtig ist!**

Was ein Computer kann:		
Er kann baden.	O	Er kann rechnen. O
Er kann Texte verschicken.	O	Er kann Texte speichern O
Er kann schreiben.	O	Er kann schnell denken. O

Du kannst mit dem **Computer** verschiedene Schriften üben und Briefe oder Texte schreiben (in **fett** oder *kursiv*).

Schreiben mit dem **Computer**

Schreiben mit dem **Computer** bereitet **Freude**.
Du kannst

verschiedene Schriften **auswählen.**

Die Größe der Buchstaben **lässt** sich **best**immen.

Den **Text** kannst du *speichern.*

So sieht eine *fertige* Einladung *aus:*

Liebe Lilli,

ich lade dich *sehnlichst* ein.

Wozu ?   *Zu meinem Geburtstag*

Wann ?   Am **10. Mai, um 15** Uhr

Wo ?   *Bei mir* zu Hause

Was ?   *Bitte* Humor und lustige Spiele mitbringen!

Es grüßt *dich* recht **herzlich**

Willi

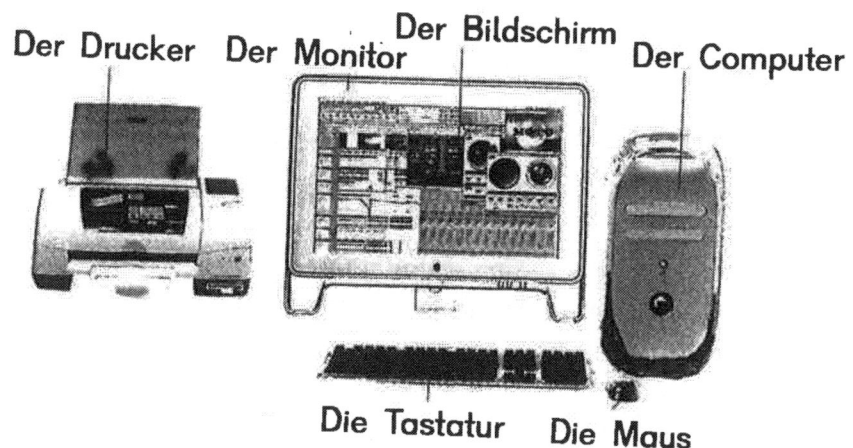

Der Drucker   Der Monitor   Der Bildschirm   Der Computer

Die Tastatur   Die Maus

Kreuze an, was richtig ist!		
	Das ist der Rechner (Computer).	O
	Das ist die schlaue Maus.	O
	Das ist der schnelle Drucker.	O
	Das ist die schlaue Maus.	O
	Das ist der Rechner (Computer)	O
	Das ist der helle Bildschirm.	O
	Das ist der schnelle Drucker.	O
	Das ist die Maus.	O
	Das ist der Rechner (Computer)	O
	Das ist die schlaue Maus.	O
	Das ist der schnelle Drucker.	O
	Das ist der helle Bildschirm.	O

Kreuze an, was richtig ist!

Die Maus rennt laut über den Tisch. O
Die Maus gleitet leise über den Tisch. O
Die Maus lässt sich hin und her schieben. O

Die Maus bewegt den Cursor, wohin sie will. O
Die Maus versteckt den Cursor auf dem Bildschirm. O
Die Maus zeigt auf dem Bildschirm jeden Buchstaben. O
Die Maus frisst auf dem Bildschirm jeden Buchstaben. O

Wir können – wie wir es gelernt haben – Buchstaben zusammenlesen und den Sinn der Wörter erfassen.
Viele Striche ▌▌▌▌▌ sagen uns nichts.

Wir finden in ihnen keinen Sinn.

Wie entstehen diese Striche?
Mit Hilfe eines Computers geht das. Ein Programm wandelt zum Beispiel Wörter in Striche um. Das nennt man **digitalisieren**.
Jetzt kann ein Licht-Stift aus den Strichen, dem Strich-Code, den Sinn lesen.

Kreuze an, was richtig ist?

Wir können aus Strichen einen Sinn erfassen.   O
Wir können aus Wörtern den Sinn eines Wortes erfassen. O
Wir können aus Steinen den Sinn eines Wortes erfassen. O

Der Licht-Stift erfasst aus den Strichen alles und kann es auf dem Bildschirm für uns in Buchstaben lesbar machen. O
Der Licht-Stift erfasst aus den Strichen nichts und kann es auf dem Bildschirm für uns nicht sichtbar machen.   O

Kreuze alle Reimwörter an!

Sinn O	Buch O	Wort O	Strich O	schreiben O
Kinn O	Tuch O	Buch O	Buch O	bleiben O
Zinn O	Loch O	Hort O	Stich O	reiben O
Wort O	Bruch O	Sport O	mich O	laufen O
Gewinn O	Spruch O	Sinn O	dich O	treiben O

Spiele mit deinem Computer: Dazu einige Beispiele!

1. Spiele mit einzelnen Buchstaben, mit dem ABC!

     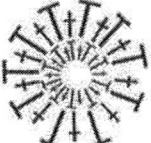

2. Spiele mit mehrerer Buchstaben!

  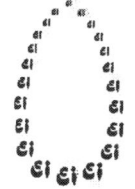 

3. Spiele mit Wörtern!

  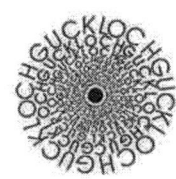  

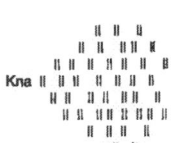   

4. Spiele mit Reimwörtern! Versuchs mit einem Gedicht!

Dein erstes Gedicht

Vor dir liegt ein leeres Stück Papier.
Weiter helfen deine Gedanken dir,

Die Fläche mit Wörtern zu bedecken,
Mit Geduld lassen sie sich wecken.

Du kannst sie nicht schreiben so dahin.
Sie sollen ergeben auch einen Sinn.

Schicke deine Wörter auf die Reise!
Fang sie dann wieder ein ganz leise!

Nach einer Weile sie erst aufkeimen,
Geduldig sich zu Versen reimen.

Versuche es einfach einmal!
Vielleicht wird es genial!

Beginne mit voller Zuversicht!
Ich freue mich auf dein erstes Gedicht.

Roboter

Schon in der Steinzeit haben Menschen Werkzeuge erfunden, um sich ihre Arbeit zu erleichtern. Der Faustkeil diente dazu Knochen zu spalten, um ans Knochenmark zu gelangen. Er musste auch harte Nüsse knacken.

Dagegen ist ein Roboter eine hoch komplexe Maschine, die dem Menschen sehr viel harte, monotone und gefährliche Arbeit abnimmt: z.B. in giftigen Räumen (Lackieren), Bergungen aus eingestürzten Gebäuden, Sprengung von Bomben...
Ein Roboter ist programmierbar. Er kann schwierige Bewegungsabläufe ausführen. Spezielle Roboter eignen sich, Beine, Arme und Hände zu ersetzen. Einige Autokonzerne arbeiten an der Steuerung eines unbemannten Pkw.

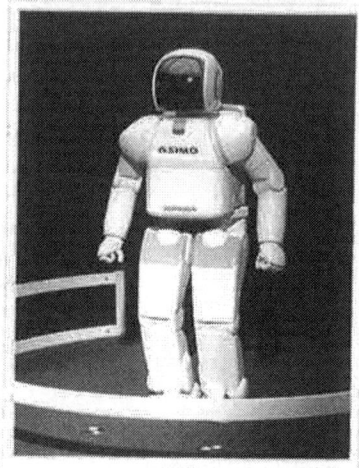

Humanoider Roboter *ASIMO*

Roboter der israelischen Polizei bei der Untersuchung eines verdächtigen Gegenstandes

Wikipedia

Hast du schon einen Roboter arbeiten gesehen und wo?
_____

Was fasziniert dich an einem Roboter?
_____

Wo brauchen wir heute unbedingt Roboter? _____
_____

Kann der Roboter uns Menschen gefährlich werden?_____
_____

Kann ein Roboter denken wie du?_____
_____
_____

Roboter sind bewundernswerte Maschinen.
Sie erobern die Welt immer mehr. Sie können ohne den Mensch Auto fahren, laufen, schwierige und gefährliche Arbeiten verrichten. Sie erleichtern vielfach dem Menschen das Arbeiten.

✎ Kreuze an, was richtig ist!

Der Mensch kann ohne Pause Tag und Nacht durcharbeiten.	O
Der Roboter kann ohne Pause Tag und Nacht durcharbeiten.	O
Der Mensch braucht Freizeit, um sich zu erholen.	O
Der Roboter braucht mehr Freizeit, um sich zu erholen.	O
Der Mensch kann sich jedezeit etwas Neues ausdenken.	O
Der Roboter will sich auch etwas Neues ausdenken.	O
Roboter können viel genauer und schneller arbeiten als wir.	O
Roboter können viel genauer und schneller denken als wir.	O
Der Roboter ist für seine vielfältigen Arbeiten programmierbar.	O
Der Mensch ist für schwierige Arbeiten leichter programmierbar.	O

✎ Kreuze die Reimwörter an!

staunen	O	Hand	O	pflücken	O	empfinden	O
stehen	O	Sand	O	bücken	O	binden	O
posaunen	O	Land	O	drücken	O	finden	O
raunen	O	Wand	O	staunen	O	winden	O
saunen	O	Rand	O	rücken	O	bücken	O

Hilfe! Hilfe! Hilfe! Notruf in Not-Fällen!

Hilfe kommt sofort unter den folgenden Ruf-Nummern:

Polizei	110	bei Gewalt, Einbruch
Feuerwehr	112	wenn es brennt, Rettung aus dem Wasser
Notarzt	112	bei Un- und Krankheitsfällen/Rettungsdienst

Telefon

Das Wort Telefon ist vom Griechischen abgeleitet: tele heißt „fern und phone heißt Laut, Ton, Stimme und Sprache.
Jetzt kannst du dir auch das Wort Smart-phone erklären! Smart komm aus dem Englischen und heißt schick, elegant, flott.

Technik des Telefonierens

Beim Telefonieren wird Schall (unsere Stimme) durch ein Mikrofon in elektrische Signale umgewandelt und beim Empfänger wieder als Schallwelle (Stimme) ausgegeben.

✔ Verbinde die richtigen Satzteile!

Es ist	sind allein zu Hause.
Theo und	lauter Knall.
Plötzlich ein	ganz still.
Sie fragen sich:	Notruf-Nummer 110.
Lilli wählt die	„Was sollen wir tun?"

Typische westdeutsche Telefonzelle aus den 1970/80ern (Hohenloher Freilandmuseum Wackershofen) Wikipedia

Lies die Wörter zusammen!

ab
ein
be   nehmen
vor

ein
be
vor   werfen
ab

aus
ab
ver   sprechen
vor

aus
ver
ab   wählen
vor

Telefonieren ist für soziale Kontakte mit Eltern und Freunden wichtig, auch zur Information und zum Hilfe-Rufen! (Ein Telefon-Alphabet ist im Arbeite-Heft zum ABC zu finden)

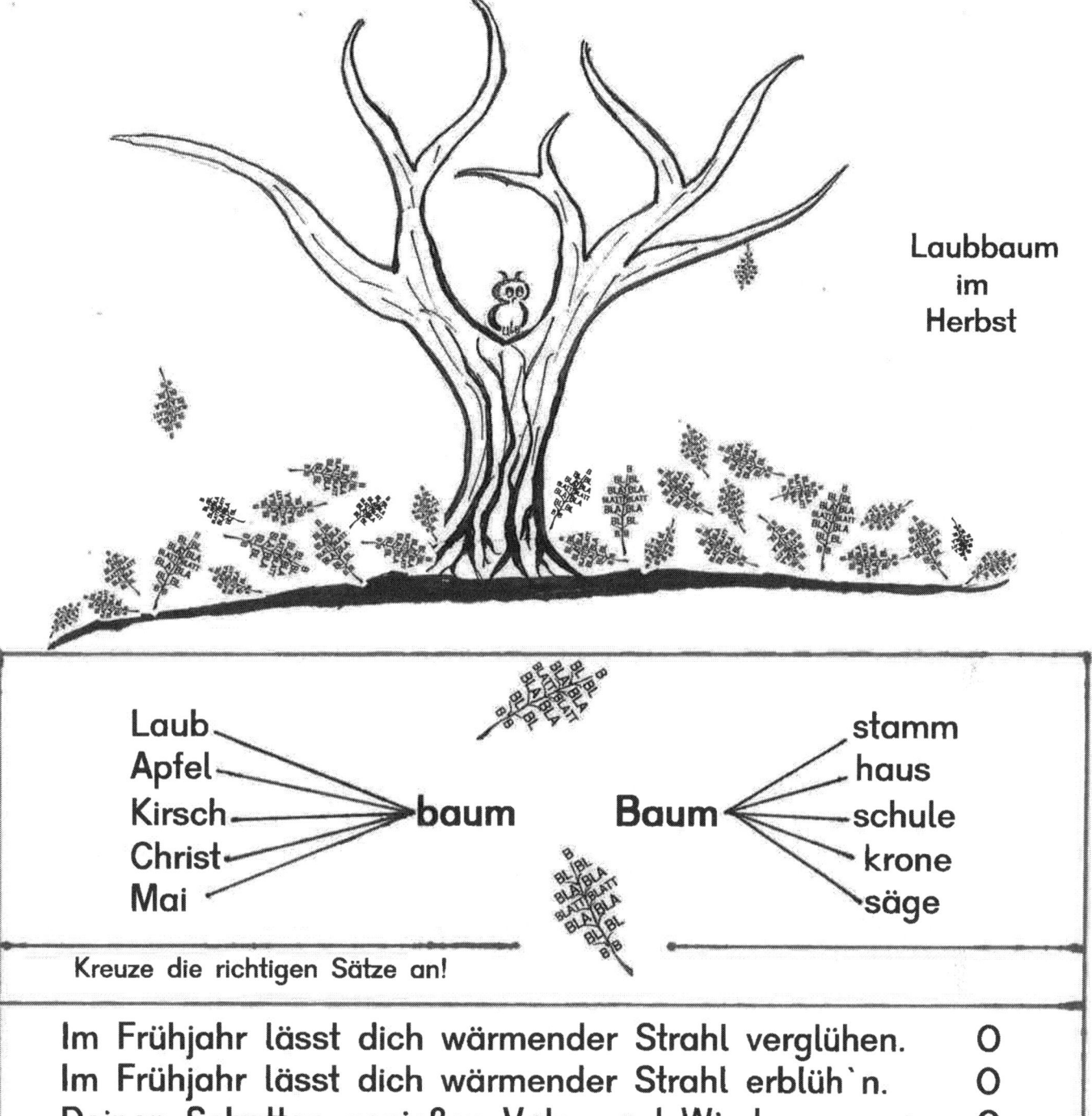

Laubbaum
im
Herbst

Laub			stamm
Apfel			haus
Kirsch	baum	Baum	schule
Christ			krone
Mai			säge

Kreuze die richtigen Sätze an!

Im Frühjahr lässt dich wärmender Strahl verglühen.	O
Im Frühjahr lässt dich wärmender Strahl erblüh`n.	O
Deinen Schatten genießen Vater und Wind.	O
Deinen Schatten genießen Mutter und Kind.	O
Kohlendioxid liebst du sehr.	O
Kohlendioxid fällt über dich her.	O
Du bist die Lunge für die Stadt.	O
Du bist die Zunge für die Stadt.	O

Bäume sind für uns Menschen sehr wertvoll:
Sie reinigen die Luft und reichern sie mit Sauerstoff an.
Sie reinigen das Regenwasser und halten es zurück.
Sie liefern das Holz für unsere Möbel und Häuser.

Wappen

Das Augsburger Stadt-Wappen:

Das Rot, Grün und Weiß sind die Farben der Stadt Augsburg.

Überall in Augsburg begegnet man Darstellungen der Zirbelnuss. Wie die stilisierte Zirbelnuss in das Augsburger Stadt-Wappen kam, lässt sich nur vermuten. Vielleicht ist der Lech daran schuld, weil er die Zirbelnuss- oder den Pinien-Zapfen aus den nördlichen Alpen nach Augsburg spülte. Andere glauben, die Zirbelnuss kam mit den römischen Händlern nach Augsburg. Auf vielen Grabmäler, die in Augsburg ausgegraben wurden, ist ein Pinien-Zapfen zu sehen.

Stadt-Wappen von Berlin

Stadt-Wappen von Stuttgart

Stadt-Wappen von Wien

Bundes-Wappen von Deutschland

Bundes-Wappen von Österreich

Landes-Wappen Niedersachsen

Kreutze das Richtige an!

Ein Samenkorn sich zufällig im Felsspalt verliert.
Unbemerkt es Wurzeln und Zweiglein gebiert.　　O

Ein Samenkorn sich zufällig in der Luft verliert.
Unbemerkt es Wurzeln und Zweiglein gebiert.　　O

Drahtige Blätter durchbohren den rissigen Spalt,
sie krallen sich fest und finden so Halt.　　O

Drahtige Wurzeln durchbohren den rissigen Spalt,
sie krallen sich fest und finden so Halt.　　O

Bis heute die Zirbelnuss die Stadt vielfältig verliert
und die Verbindung von Lech und Stadt symbolisiert. O

Bis heute die Zirbelnuss die Stadt vielfältig ziert
und die Verbindung von Lech und Stadt symbolisiert. O

Bäume

Lerne das Gedicht von Eugen Roth auswendig: „Zu fällen ..."

Welche Laub- und Nadelbäume kennst du? _____

_____

_____

Laubbäume verändern sich im Laufe des Jahres.

| Frühling | Sommer | Herbst | Winter |

aus Kamp Grundschule 2

Nadelbäume haben ein anderes „Gesicht".

| Fichte | Tanne | Kiefer | Lärche | Douglasie |

Zeichen einen Laubbaum im Frühjahr, im Sommer und im Herbst!

Frühjahr	Sommer	Herbst

Rätsel

Im Häuschen mit fünf Stübchen,
da wohnen braune Bübchen.
Nicht Tür und Tor führt ein und aus.
Wer sie besucht, verzehrt das Haus.   Volksgut

Apfeltee, selbst gemacht

Du suchst dir frische Äpfel aus und wäscht sie ab. Jetzt kannst du
dein Messer zum Schälen erproben. Die Apfelschalen sammelst du
in einem Teller und lässt sie trocknen. Jetzt schüttest du sie in einen
Topf und gibst noch etwas Wasser hinzu. Das Ganze lässt du ein
wenig kochen. Das Wasser färbt sich und beginnt zu duften. Der
Apfeltee ist fertig. Du kannst ihn gleich durch ein Sieb in deine
Tasse gießen.

Apfelkerne aufgereiht zu einer Kette

Die Ahle deines Messers hilft dir, ein Loch in jeden Apfelkern zu
bohren. Jetzt brauchst du nur noch einen festen Faden durchzu-
ziehen. Den Anfang des Fadens kannst du mit Uhu versteifen. Du
kannst auch andere Kerne oder Nüsse abwechslungsweise auf-
reihen. Das Bohren wird schwieriger.

✎ Kreuze an, was sich reimt!

Tee O	Kern O	Baum O	Zeit O	brechen O	reifen O
Tal O	Stern O	Raum O	Zahl O	brauchen O	greifen O
See O	gern O	Rad O	Streit O	sprechen O	pfeifen O
Fee O	Garn O	Traum O	bereit O	stechen O	streifen O

Bäume im Garten

Bäume im Garten sind willkommene und unschätzbare Pflanzen. Im Sommer spenden sie Schatten, bieten Vögeln Unterschlupf. Sie entschärfen das giftige CO_2 und spenden uns frischen Sauerstoff. Kinder lieben vor allem Obstbäume, deren Früchte sie im Herbst und Winter genießen können.

Welches Obst isst du am liebsten?_____

Welches Obst magst du gar nicht?_____

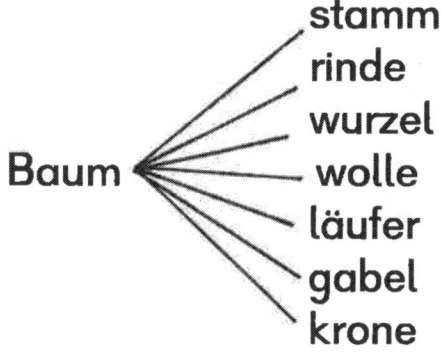

Baum
- stamm
- rinde
- wurzel
- wolle
- läufer
- gabel
- krone

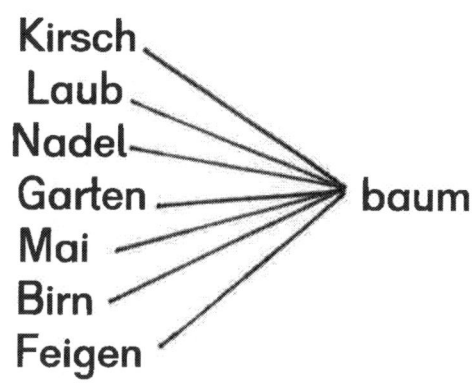

- Kirsch
- Laub
- Nadel
- Garten
- Mai
- Birn
- Feigen

baum

Der Kirschbaum

Der Kirschbaum ist heute über Nacht
Mit schwellenden Knospen aufgewacht.

Als riesige Blüte erstrahlt der Baum.
Summend erblüht ein Frühlingstraum.

Bienen schwirren im üppig weißen Meer,
Bestäuben tausend Blüten rings umher.

Goldgelb am Stamm das Baumharz rinnt,
Das bernsteinfarbiges Aussehen gewinnt.

Im Mai ist vergessen der Blütentraum.
Versteckt wachsen grüne Bällchen im Baum.

Plötzlich blicken uns tausend rote Augen an.
Stare und Amseln sie von ferne schon sahn.

An dieser üppig gedeckten Stätte
Fressen Amsel und Star um die Wette.

Für wen ließ die Kirschen reifen die Natur,
Für den Mensch oder die fliegende Kreatur?

Im Winter ist der Kirschbaum längst verblüht,
Gedanken führen uns zu ihm zurück.

Der Honig goldgelb leuchtend vor uns steht,
Sein Entstehen auch auf ihn zurückgeht.

Samen im Garten

Alles was wächst, ob Gras, Blumen, Pflanzen, Bäume und ihr Laub verwelken einmal, zersetzen sich zu Staub und kehrt in den ewigen Kreislauf der Natur wieder zurück. Wissenschaftler vermuten, dass das Leben vor etwa 4,5 Milliarden Jahren begann, aber keiner kann erklären, wie das Leben auf die Erde entstand. Um nicht auszusterben, verbreiten die Pflanzen ihre Samen auf sehr unterschiedliche Weise. Der Löwenzahn verschickt sie mit filigranen Fallschirmchen. Die Vogelbeere lässt sich fressen und über die Ausscheidung der Vögel vermehren. Fichten lassen ihre Samen von Eichhörnchen vergraben und somit aussäen. Aber das viel Erstaunlicher ist, was oft so ein winziges Samenkorn z. B. ein Senfkorn in sich birgt. Ein Samenkorn speichert alle Voraussetzungen, dass aus ihm bei günstigen Umweltbedingungen wieder die gleiche Pflanze entsteht, der er abstammt. Aus einer Nuss, wächst wieder ein Nuss- und nicht ein Apfelbaum. Das gesamte Wachstumsprogramm ist gespeichert. Alle Zellkerne wissen, welche Teile der Pflanze sie zu bilden haben. Welche lässt die Wurzeln wachsen, welche den Stamm, welche die Äste, Blätter und Früchte? Es ist ein Wunderwerk der Natur, der Evolution.

Auch der Mensch hat ein wenig im Verlauf der Evolution mitgewirkt, aus Wildpflanzen eine ertragreichere Generation auszulesen. Heute liegt die Gewichtung auf einer verbesserten Schädlingsbekämpfung und hochwertigen Ertragssteigerung.

Welche Samen kennst du? _____

Du kannst auch Samen aussäen in einfachen Gefäßen, z. B. Blumen- oder Kräutersamen. Probiere es einmal!

✎ Kreuze die Reimwörter an!

pflanzen	O	Samen	O	Pflanzen	O	rechen	O
tanzen	O	Damen	O	Grenzen	O	sprechen	O
fressen	O	Examen	O	Lanzen	O	brechen	O
stanzen	O	Dramen	O	Wanzen	O	stechen	O
franzen	O	Wagen	O	Samen	O	zechen	O

  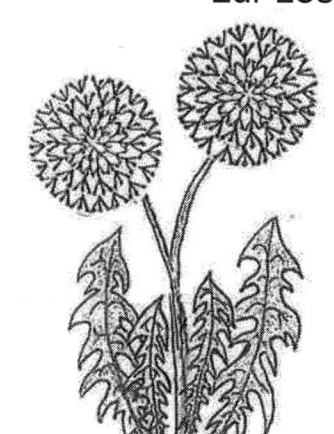

 Streiche durch, was nicht richtig ist!

Der Löwenzahn blüht | weiß | rot |
Der Löwenzahn blutet | rot | weiß | .
Der Löwenzahn trinkt | Wasser | Saft | .
Der Löwenzahn wächst | auf der Wiese | auf dem Schnee | .

Kreuze an, was richtig ist!

Wie Fallschirme segeln die Schirmchen durch die Luft.   O
Wie Fußbälle segeln die Schirmchen durch die Luft.   O
Wie Luft-Ballone segeln die Schirmchen durch die Luft.   O
Wie Steine segeln die Schirmchen durch die Luft.   O

Reime!

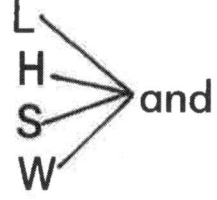 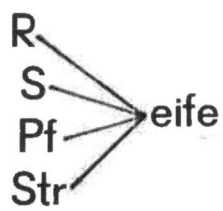 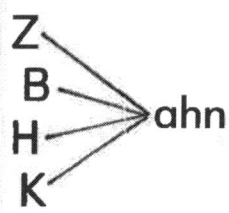 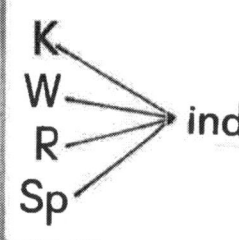 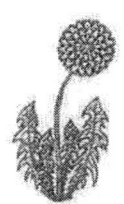

L, H, S, W → and
R, S, Pf, Str → eife
Z, B, H, K → ahn
K, W, R, Sp → ind

Das sind Unsinn-Sätze. Bilde auch Unsinn-Sätze!

Der Löwenzahn blüht vor allem im Winter bei uns.
Der Löwenzahn trinkt im Sommer gern heißen Kaffee.
Der Löwenzahn spielt gern im Winter Fußball.
Der Löwenzahn schläft gern im Unterricht.

Löwen, Backen, Elefanten, Milch, Gold → zahn

Zahn → weh, lücke, paste, arzt, och

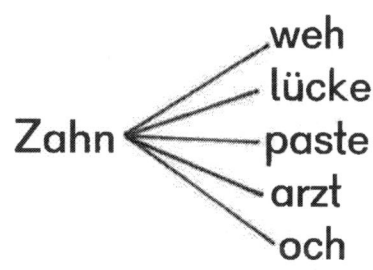 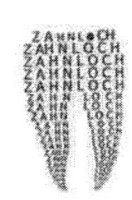

 Wörter, die du nicht verstehst, lass sie dir von deinem Translator in deine Muttersprache übersetzen!

Gar▨▨▨▨▨enzaun

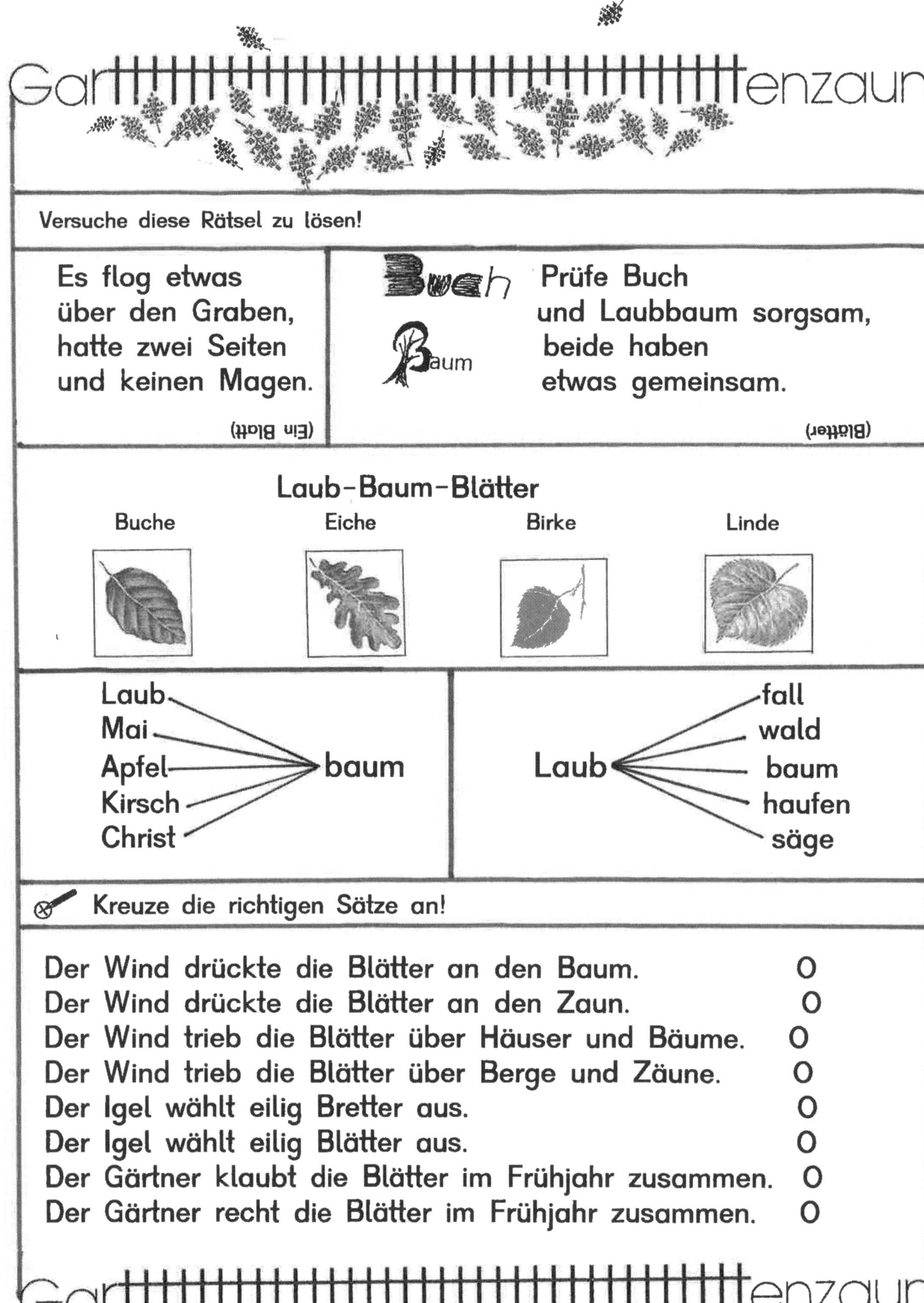

Versuche diese Rätsel zu lösen!

Es flog etwas
über den Graben,
hatte zwei Seiten
und keinen Magen.

(Ein Blatt)

Buch

Baum

Prüfe Buch
und Laubbaum sorgsam,
beide haben
etwas gemeinsam.

(Blätter)

Laub-Baum-Blätter

Buche   Eiche   Birke   Linde

Laub
Mai
Apfel   baum
Kirsch
Christ

Laub   fall
              wald
              baum
              haufen
              säge

Kreuze die richtigen Sätze an!

Der Wind drückte die Blätter an den Baum.	O
Der Wind drückte die Blätter an den Zaun.	O
Der Wind trieb die Blätter über Häuser und Bäume.	O
Der Wind trieb die Blätter über Berge und Zäune.	O
Der Igel wählt eilig Bretter aus.	O
Der Igel wählt eilig Blätter aus.	O
Der Gärtner klaubt die Blätter im Frühjahr zusammen.	O
Der Gärtner recht die Blätter im Frühjahr zusammen.	O

Gar▨▨▨▨▨enzaun

Blätter von Laubbäumen

Welche Blätter gefallen dir? _____

_____

Welche Blätter kennst du? _____

_____

Welche Laubbäume wachsen in deiner Nähe: Wohnung,
Schule, auf deinen Einkaufswegen ... _____

_____

Bergahorn
Haselnuß
Erle
Spitzahorn
Hainbuche
Buche
Linde
Esche
Birke
Eiche
Roteiche
Vogelbeerbaum

Zeichne drei Blätter und kennzeichne sie mit ihren Namen!

Google

Kreuze an, was richtig ist!

Wolken bringen uns immer Steine. O
Wolken bringen uns manchmal Regen. O
Wolken bringen uns im Sommer Hagel. O
Wolken bringen im Winter Schnee. O
Wolken bringen im Sommer Schatten. O
Wolken streuen gerne in der Nacht Sand. O
Wolken bringen im Sommer Hagel. O

convehtgarden

Wolken ⟨ meer / zug / bild / decke / spiel

Quell / Haufen / Regen / Gewitter / Schleier ⟩ wolken

Regen ⟨ wasser / schirm / wetter / tropfen / tonne

Wolken

Ihr verreist im seidenen Gewand.
Euer Ziel bleibt unbekannt.

Von wo kommt ihr nur her?
Ihr steigt wohl auf über dem Meer.

Lautlos zieht ihr dahin.
Nur Fliegen habt ihr im Sinn.

Geschmeidig wälzt sich der schwebende Flaum
Wie riesige Flocken im luftleeren Raum.

Fliehend ihr dem Blick entschwand,
Ständig wechselnd euer Seidengewand.

Wirbelnde Winde im Kreise sich drehen,
Unzählige Wolkenbilder entstehen.

Über den Gipfeln der Berge
Wandeln sich Riesen zu Zwerge.

Wolke um Wolke quillt aus Wolken zuhauf.
Ein wallendes Meer bauscht sich mächtig auf.

Wolken verfinstern sich in ihrem Verbund,
Geben grollend ein nahendes Gewitter kund.

Die Wolken walken und verdichten sich,
Bis sie zerbrechen am eigenen Gewicht.

Wie drohende Gespenster erdrücken sie das Licht,
Nach dem Regen gewähren sie wieder freie Sicht.

Die Luft atmet klar, die Wolken ziehen fern.
Am Himmel leuchtet verloren ein Stern.

Die Natur legt sich gestillt zur Ruh`,
Winkt erfrisch den ziehenden Wolken zu.

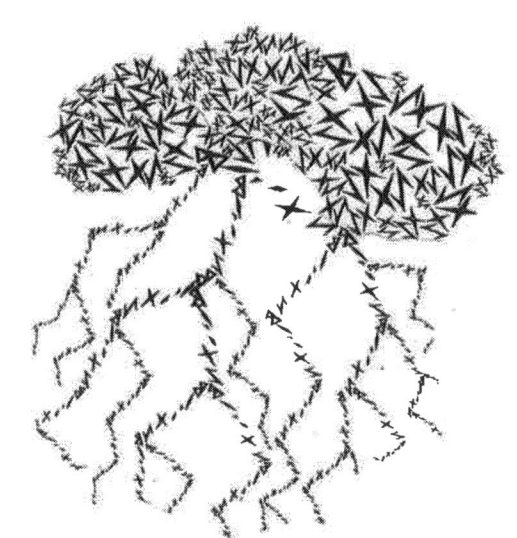

✎ Kreuze an, was richtig ist!

Blitze entstehen bei Gewitter. O	Blitz ⟨ licht / start / schlag / ableiter
Blitze sind sehr gefährlich. O	
Blitze leuchten bei Nacht hell auf. O	
Blitze lassen sich vertreiben. O	

✎ Kreuze an, was richtig ist!

Ein Blitz kann Menschen töten. O	Gewitter ⟨ regen / wolken / donner / leuchten
Ein Blitz kann Rad fahren. O	
Ein Blitz kann Häuser entzünden. O	
Ein Blitz kann Bücher lesen. O	

✎ Kreuze die Reimwörter an!

sehen O	blitzen O	grollen O	toben O	fallen O
legen O	sitzen O	legen O	legen O	krallen O
fegen O	holen O	rollen O	sagen O	rollen O
stehen O	ritzen O	wollen O	loben O	geben O
gehen O	schwitzen O	tollen O	proben O	knallen O

✎ Verbinde, was richtig ist!

Plötzlich
ein Blitz

Blitze sieht man bei Nacht
Blitze entzünden Wasser
Vor Blitzen haben Menschen

Angst.
gut.
nicht.

Plötzlich
ein Blitz

✎ Wörter, die du nicht verstehst, lass dir vom Translator in deine Muttersprache übersetzen!

Regen ist das Blut der Erde.

Wo der Regen fehlt, ist ausgedorrte Erde, beherrscht Wüste das Land. Nichts kann dort wachsen ohne Regen, keine Tiere (nur wenige Ausnahmen) und Menschen dort leben.
Wie schnell Pflanzen verdursten und verdorren, siehst du an Zimmerpflanzen, die längere Zeit vergessen wurden zu gießen.

Unsere Erde ist ein wunderbarer besonders schön bewachsener Stern, weil Regen ihn begießt und die Sonne uns Licht und Wärme spendet.

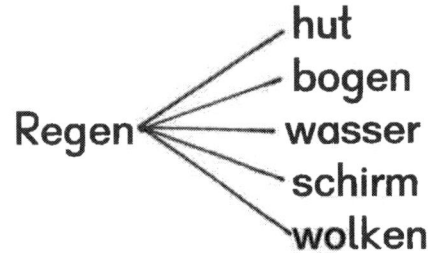

Regen
- hut
- bogen
- wasser
- schirm
- wolken

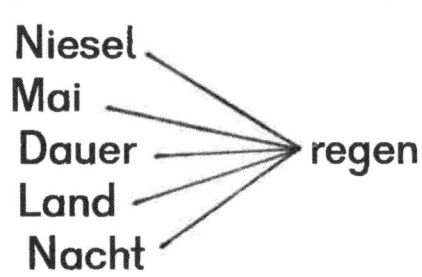

Niesel
Mai
Dauer
Land
Nacht

regen

Regentropfen

Schüchtern fallen die ersten Tropfen.
Behutsam sie auf Blätter klopfen.

Sie trommeln auf dürres Laub,
Wirbeln auf den losen Staub.

Selbst der Teich ist für sie ein Gewinn,
Hüpfen auf ihm wie auf einem Trampolin.

Die Wasseroberfläche quirlt und zuckt,
Als hätten tausend Lamas drauf gespuckt.

Auf der Terrasse sie wirr zerstieben.
Wo sind die Vögel, die Katzen geblieben?

Kristallene Tropfen von Blatt zu Blatt rinnen,
Vertreiben versteckt lauernde Spinnen.

Billiarden sich auf Wiesen ergießen,
Dürstenden Gräser sie als Trank genießen.

Sie tränken die ausgedorrte Erde,
Auf dass neues Leben werde.

✎ Kreuze die Reimwörter an!

Regen	○	Blut	○	Tropfen	○	Pracht	○	gießen	○
sagen	○	Blatt	○	Hopfen	○	Nacht	○	fließen	○
hegen	○	Wut	○	Wagen	○	Macht	○	Nacht	○
pflegen	○	Gut	○	sagen	○	Fracht	○	schießen	○
legen	○	Hut	○	Pfropfen	○	Regen	○	sprießen	○

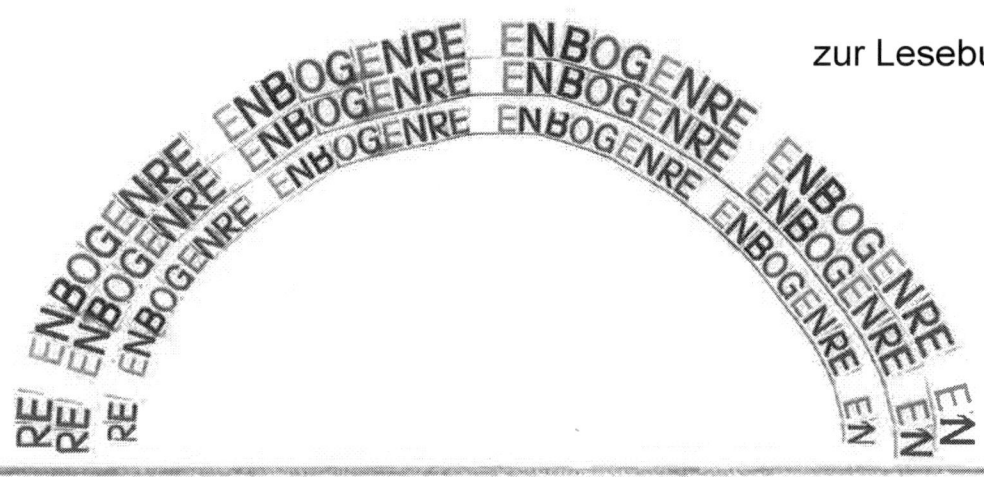

Regentropfen zerlegen das weiße Licht in Farben.
So entsteht der Regen-Bogen in diesen Farben:

| rot | orange | gelb | grün | violett |

Auch Seifen-Blasen zeigen dir diese Farben.
Ohne Licht können wir diese Farben nicht sehen.

Die Welt kennt viele Farben wie zum Beispiel:

rosa   grau   ocker   weiß   braun   pink   flieder

Was hast du für eine Lieblings-Farbe? Warum ist sie
deine Lieblings-Farbe?

✓ Streiche durch, was nicht richtig ist!

Welche Farbe passt zu Pflanzen? | weiß | grün | blau |
Welche Farbe passt zu Feuer? | schwarz | braun | rot |
Welche Farbe passt zu Milch? | gelb | weiß | rot |
Welche Farbe passt zum Himmel? | grün | blau | schwarz |

✎ Lass dir Wörter, die du nicht verstehst, vom Translator in deine Muttersprache übersetzen!

Ich plätschre gern im Wasser,
doch hüpf ich auch aufs Land.
Ich schnappe fette Fliegen,
und grün ist mein Gewand.
Groß glotzen meine Augen,
sie stehen weit hervor.
Ich bin ein großer Sänger
im abendlichen Chor.

Frösche

Frösche fühlen sich wohl im Teich.
Bei Gefahr tauchen sie unter sogleich.

Ihre auffällig großen Augen
Zum Tauchen gut taugen.

Unter Wasser atmen sie nie,
Darüber aber in Harmonie.

In ihrer wässrigen Gruft
Brauchen sie keine Luft.

Frösche machen das famos,
Wie können sie das bloß?

Kaulquappen

An der Wasseroberfläche im Teich
Schwabbelt von Fröschen der Laich.

Wie Glasperlen mit dunklen Augen
Versuchen sie sich anzusaugen.

Allmählich löst sich der Frösche Laich.
Getrennt schwimmen sie am Uferbereich.

Ein dolchartiger Schwanz wächst ihnen.
Sie atmen noch mit ihren Kiemen.

Obwohl wir sie noch Kaulquappen nennen,
Können wir sie schon als Frösche erkennen.

Wie ein Frosch wollen sie noch nicht aussehen,
Bis sie auf Füßen können gehen.

Sie schwimmen vorwärts ganz unverdrossen.
Es schieben die Beine und nicht die Flossen.

Allmählich wird jedem klar,
Der Schwanz nur eine Attrappe war.

Jetzt führen sie ein Doppelleben, wie bekannt.
Sie leben im Wasser, aber auch an Land.

Jetzt sie sich mit Fröschen vergleichen,
Weil sie selber können laichen.

Claude Monet

Claude Monet war ein französischer Maler,
der Seerosen über alles liebte. Zwei seiner
Welt berühmten Bilder, Le Havres Impression
und Sonnenaufgang, gaben seiner Stilrichtung
ihren Namen: Impressionismus. Ihm ging es
um die atmosphärische Wirkung des Lichts
bis zu ihrer Auflösung, um die Brechung der
Farben in Punkte. Er entwickelte das Konzept
der Serie.

Monets Seerosenteich

Wikipedia

Seine Motive malte er bei unterschiedlichen
Lichtverhältnissen immer wieder. Nach vielen Jahren seines
malerischen Werdens mietete er ein Haus in Giverny. Dort
legte er in jahrelangem Gestaltungsphasen einen Garten mit
Seerosen an, die ihm lebenslang als Motiv dienten. Es
entstanden unzählige Seerosendarstellungen. Um seine
Teichlandschaft stetig zu erweitern, kaufte er Land um sein
Haus zu. Leider zum Leidwesen der ansässigen Bauern, die
um ihr Vieh bangten wegen der exotischen Pflanzen. *1897*
stellte er auf der Biennale di Venezia *20* seiner Bilder aus. Er
arbeitete unermüdlich an seinen Seerosendarstellungen. *1908*
verschlimmerte sich sein Augenleiden, es wurde Grauer Star
auf beiden Augen diagnostiziert.
Eine zweite erfolgreiche Operation schenkte ihm sein Augen-
licht wieder. Es folgte eine weitere intensive Schaffensperiode.
Freunde wollten ihn bewegen, die Bilder der Seerosen-Serie
dem französischen Staat zu schenken. Monet wollte keine
Ehrbekundungen des französischen Staats. Zum Ende des
Ersten Weltkriegs schenkte Monet doch noch acht seiner
Seerosenbilder dem französischen Staat. Viele davon
bereichern die Ausstellungshallen des Louvres.
Im Alter machten ihm Depressionen zu schaffen. Er zerstörte
seine letzten Skizzen und Bilder. Er wollte nicht, dass Unvoll-
endetes in den Kunsthandel gelangt. *1926* starb er in Giverny.

Ägyptisches Segelschiff (Wandbild um 1422–1411 v. Chr.)

Wikipedia

Die *Preußen* (Fotografie von 1908), nach der *France* das größte jemals gebaute Segelschiff

Segeln

Der Mensch entdeckte schon frühzeitig die Kraft des Windes. Er versuchte sie in Verbindung mit einem Segel auszunutzen. Er setzte ein Segel auf ein Boot und erfand so einen kraftvollen Antrieb ohne seine Muskelkraft einsetzen zu müssen. Ein Segler ist aber sehr abhängig vom Wetter. Kein Wind, kein Antrieb oder zu starker Wind, dann droht Unfallgefahr. Auch die Windrichtung ist wichtig, denn gegen den Wind zu segeln ist schwierig. Aber schon in der Frühzeit eroberte der Mensch segelnd die Welt. Eine der ersten Darstellungen eines Schiffes mit Segeln stammt aus Ägypten, aus Luxor, von vor 5000 v. Chr. Die Ägypter segelten damit auf dem Nil, auf dem Mittel- und auf dem Roten Meer. Im Laufe der Geschichte wurden Segelschiffe zur Entdeckung und Eroberung der Welt benutzt und zum Transport von Waren.
Heute wird Segeln hauptsächlich nur noch als Freizeitsport betrieben. In der Musik ist Segeln auch beheimatet, was die vielen Seemannslieder beweisen. Richard Wagner griff dieses Thema auch auf. Von ihm stammt die Oper Der fliegende Holländer.

Streiche die falschen Wörter durch!

Vom Ufer löste sich | lautlos | sinnlos | das | Brot | Boot.

Im | Durst | Dunst | wurde sein | Segel | Pegel | blasser.

Der | Segler | Regler | muss kennen sein Boot und die | See | Tee.

Vom Korn zum Brot

Täglich nur ein Stückchen Brot
Hilft ein wenig in bitterer Not.

Von Anfang an viel Zeit vergeht,
Bis schmackhaftes Brot entsteht.

Der Bauer pflügt und eggt das Feld,
Bevor das Korn zur Erde fällt.

Jedes Korn will sich vermehren.
Viel Frucht wächst in seinen Ähren.

Vom Mähdrescher die Spelzen befreit,
Purzeln die Körner ins Mahlwerk bereit.

Vom Speicher stürzt das Korn zu Tale.
Walzen befreien es von seiner Schale.

Das Korn wird geschält und gedreht,
Bis daraus kostbares Mehl entsteht.

Das Mehl gelangt in die Bäckerei.
Geknetet wird´s zu teigigem Brei.

In Stücke zerteilt, genau abgewogen
Werden sie in den Ofen geschoben.

Rasch nach abgelaufener Zeit
Werden sie aus dem Ofen befreit.

Fertiges Brot wird gleich verladen,
Zum Kaufen fast in jedem Laden.

Getreide

Es ist belegt, dass bereits im Neolithikum vor mehr als *10.000* Jahren Getreideanbau betrieben wurde. Bei der Aussaat und Ernte ist der Landwirt sehr von den Klimabedingungen abhängig: Trockenheit, Nässe und Frost. Auf dem Bild rechts siehst du drei Getreidearten: Weizen, Hafer und Gerste. Nach der Ernte muss Getreide getrocknet werden, um haltbar gelagert werden zu können. Für die Vermahlung wird es wieder befeuchtet, damit sich die Schale gut vom Mehlkörper trennen lässt. Die Zermahlung übernimmt heute der Walzenstuhl. Er besteht aus zwei oder vier Walzenpaare, die gegenläufig rotieren. Die fertigen Mehle werden in Silos gelagert und in Silowagen ausgeliefert. Der Bäcker oder die Brotfabrik mischt zum Mehl noch Wasser, Salz, Gewürze, Zusatzstoffe für Frische, Haltbarkeit, Geschmack und Sauerteig als Triebmittel hinzu. Die Knetmaschine fertigt den Teig. Eine weitere Maschine teilt den Teig in die gewünscht großen Stücke für kleine oder große Brote. Die geformten Teigstücke übernimmt der Backofen und gibt sie als essbare Nahrungsmittel wieder her.

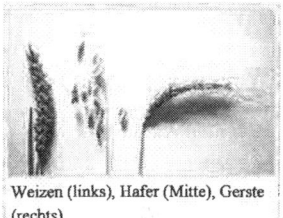

Weizen (links), Hafer (Mitte), Gerste (rechts)

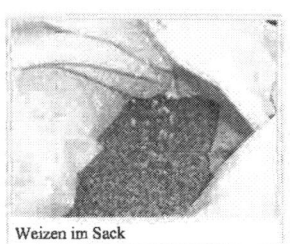

Weizen im Sack

Getreideprodukte

Wikipedia

Mühlen

1. Welche Mühlen gab es früher?_____

_____

2. Wie wurde der Betreiber einer Mehlmühle genannt?

_____

3. Wodurch wurden die Mühlen angetrieben?

_____

4. Wie hieß diese Mühle?

_____

5. Wie heißt die Mühle unseres Gedichts?

_____

6. Wie hieß der letzte Besitzer der Mühle?

_____

7. Was macht die „Reiter Mühle" jetzt?

_____

8. Hast du schon einmal ein Korn zerkaut?

_____

9. Kannst du Weizen- von Roggenmehl unterscheiden?

_____

10. Wozu braucht man Mehl? _____

_____

Brücke

Eine Brücke ist eine Konstruktion (Bauwerk), die dazu dient Hindernisse zu überwinden: z.B. Flüsse, Straßen, Eisenbahnstrecken und Schluchten. Die ersten Brücken wurden aus Pflanzenfasern (Seilen) und Holz gebaut. Allmählich rückte Stein in den Mittelpunkt. Ihm folgte Stahl. Der meist verbaute Baustoff heute ist Stahlbeton.

1. Wie heißt unsere Brücke im Gedicht?

_____

2. Welche Aufgabe hatte sie?_____

_____

3. Aus welchem Baumaterial war sie erbaut?

_____

Verbinde die richtigen Satzteile!

In meiner Kindheit hab ich	du den uralten Fluss.
Vertraut und mutig überbrückst	Kies und Uferplatten auf.
Sengende Sonne heizte Sand,	dich lieb gewonnen.
Algen überwucherten das Fluss-	aus deinem Flussbett auf.
Täglich spiegelst du im glasklarem	bett wie ein Leichentuch.
So manchen Stein hob ich	angestammtes Flussbett zurück.
Der weite Weg von den Alpen	hilflos vor deinem Grab.
Scheinbar wollen sie wieder in ihr	ist nur ihm vertraut.
Schmerzerfüllt stehen wir	Wasser dein Angesicht.

Lilienthal bei einem Flugversuch am 29. Juni 1895.
© Archiv Otto-Lilienthal-Museum

Heißluftballons funktionieren damals wie heute
nach dem gleichen Prinzip © dpa

Fliegen ist ein uralter Traum der Menschen, sich frei und schwerelos durch die Lüfte zu bewegen. Schon die alten Griechen kannten die Sage vom Fliegen. Daedalus baute seinem Sohn aus Vogelfedern und Wachs Flügel. Ikarus ließ sich nicht warnen und flog zu nahe an die Sonne. Das Wachs schmolz und Ikarus stürzte tödlich ab ins Meer. Einige versuchten ebenfalls den Vogelflug nach zu ahmen. Sie bezahlten ihren Mut mit dem Leben, wie der Schneider von Ulm *1811*.

Ein Lied (von Reinhard Mey)

WindNord/Ost Startbahn null drei,
Bis hier hör` ich die Motoren.
Wie ein Pfeil zieht sie vorbei,
Und es dröhnt in meinen Ohren,
Und der nasse Asphalt bebt.
Wie ein Schleier staubt der Regen,
Bis sie abhebt und sie schwebt
Der Sonne entgegen.

Über den Wolken muss die Freiheit
Wohl grenzenlos sein.
Alle Ängste, alle Sorgen, sagt man,
Blieben darunter verborgen und dann
Würde, was uns groß und wichtig erscheint,
Plötzlich nichtig und klein.

Ich seh` ihr noch lange nach,
Seh` sie die Wolken erklimmen,
Bis die Lichter nach und nach
Ganz im Regengrau verschwimmen.
Meine Augen haben schon
Jenen winzigen Punkt verloren.
Nur von fern klingt monoton
Das Summen der Motoren.

Dann ist alles still, ich geh`,
Regen durchdringt meine Jacke,
Irgend jemand kocht Kaffee
In der Luftaufsichtsbaracke.
In den Pfützen schwimmt Benzin,
Schillernd wie ein Regenbogen.
Wolken spiegeln sich darin.
Ich wäre gern mit geflogen.

Wenn ich ein Vöglein wär,
Und auch zwei Flüglein hätt',
Flög' ich zu Dir!

Paraglider

✏ Streiche die falschen Wörter aus!

Die Stare sind | geflogen verkehrt | zurückgekehrt.

Sie | suchen | buchen | ihre Nester.

Der Star, er hat sich gleich | beschwert | beschert.

Der Star, der will zurück ins | Fest | Nest.

Die Spatzen wollen | gleich | nicht | heraus.

Die Eltern füttern | Sturm für Sturm | Wurm für Wurm.

Die Eltern füttern | Wurm für Wurm | Sturm für Sturm.

Im | Sommer | Herbst | fliegen sie nach dem Süden.

Im Herbst | fliegen | fahren | sie nach dem Süden.

Unterstreiche, was der Star rief!

Der Jäger Moritz hatte einen Star, der sprechen konnte.
Wenn der Jäger rief: „Stärlein, wo bist du?",
so schrie der Star: „Hier bin ich!"

Der kleine Karl von nebenan wollte den Vogel haben.
Eines Tages fing er ihn und steckte ihn in die Tasche.

Da kam der Jäger zur Tür herein und rief:
„Stärlein, wo bist du?"
Aus der Hosentasche rief der Star laut: „Hier bin ich!"

✗ Kreuze die Reimwörter an!

Star O	Haus O	Nest O	Spatz O	Frau O
Schar O	Star O	Ost O	Netz O	Bau O
Bar O	Maus O	Test O	Satz O	Star O
Kar O	Laus O	Rest O	Platz O	Pfau O
Weg O	Fest O	Test O	Schau O	Schau O

77

Streiche die falschen Wörter aus!

Frühmorgens weckt	im Baum im Garten. O
Sie lässt mich	auf mit ihrem Gefieder. O
Den Teich peitscht sie	mich ihr melodisches Lied. O
Oft sitzt sie	rief mich wach. O
Ein leises Piepsen	in ihre Nähe rücken. O

Amsel
- nest
- feder
- schnabel
- gesang
- paar

Vogel
- ei
- nest
- namen
- futter
- häuschen

Nest
- bau
- wärme
- flüchter
- hocker
- räuber

Lies und unterstreiche die Vogelnamen!

Wie sie alle lustig sind,
flink und froh sich regen.
Amsel, Drossel, Fink und Star
und die ganze Vogelschar
wünschen dir ein frohes Jahr
lauter Heil und Segen.

Was sie uns verkünden nun,
nehmen wir zu Herzen.
Wir auch wollen lustig sein,
lustig wie die Vögelein,
hier und dort, feldaus, feldein,
Singen, springen, scherzen.

Kreuze die Reimwörter an!

Nest O	Futter O	Feder O	Häuschen O	gewonnen O
Rest O	Nest O	Leder O	Taschen O	zerronnen O
Last O	Mutter O	Futter O	Mäuschen O	singen O
Test O	Meter O	jeder O	Läuschen O	begonnen O
Fest O	Butter O	Nest O	lauschen O	sonnen O

Wörter, die du nicht verstehst, lass dir vom Translator in deine Muttersprache übersetzen!

⊗ Kreuze an, was richtig ist!

Wie heißt die Überschrift?		Wie heißen die drei Spatzen?	
Die vier Spatzen	O	Einer heißt Erich	O
Die Sieben Zwerge	O	Einer heißt Karl	O
Die zwei Schnecken	O	Einer heißt Franz	O
Die drei Spatzen	O	Einer heißt Hans	O

✏ Ergänze die Reimwörter!

Bauch	Spatzen	rücken	sitzen	schneit	hören
Str‗‗	K‗‗‗	b‗‗‗	sp‗‗	schr‗‗	st‗‗

⊗ Kreuze an, was richtig ist!

Wo sitzen die drei Spatzen?
Sie sitzen in einem vollen Haselstrauch   O   S
Sie sitzen in einem Elefanten-Bauch   O   Sp
Sie sitzen in einem leeren Haselstrauch   O   Spa
Sie sitzen in einem luftigen Wolkenhauch   O   Spatz

✏ Verbinde die richtigen Silben!

sit-   ben   ren   Spat-   gen   en   ha   rük-   lein
schnei-   zen   zen   ken   hö-   Au-   Herz-

⊗ Kreuze an, was richtig ist!

Am wärmsten hat es Franz	O	Es ist bei ihnen Sommer	O
Am wärmsten hat es Fritz	O	Es ist bei ihnen Herbst	O
Am wärmsten hat es Erich	O	Es ist bei ihnen Winter	O
Am wärmsten hat es Hans	O	Es ist bei ihnen Frühling	O

✏ Male diese Vögel farbig an!

Male diesen Vogel rot an!	Male diesen Vogel grün an!	Male diesen Vogel blau an!

79

Werner will baden

Ordne die Sätze der Reihe nach!

O Werner will aber baden.

① Heute will die Sonne gar nicht scheinen; es ist kalt und regnerisch.

O Als sie nicht kommt, sagt er zur Mutter: „Jetzt bade ich eben ohne Sonne!"

O Ganz traurig steht er am Ufer des Sees und wartet auf die Sonne.

O „Nein, Werner, das geht nicht!", sagt die Mutter.

O Dann sagt er: „Mutter, ich bade jetzt.

O Ich ziehe eben zwei Badehosen an!"

O Werner überlegt, was er tun soll.

O „Es ist viel zu kalt zum Baden, da wirst du krank".

Baderegeln – auch für dich!

Leg dich nicht stundenlang ungeschützt an die Sonne!

Geh nicht mit einem vollen oder leeren Magen ins Wasser!

Kühle dich immer ab, bevor du ins Wasser gehst!

Geh als Nichtschwimmer nur bis zur Brust ins Wasser!

Schnaken

Schnaken sind bei uns auch als Stech- mücken bekannt, weil sie mit ihrem „Stich" einen Juckreiz erzeugen. Meist fliegen sie am Abend ins Schlafzimmer und verraten sich durch einen hohen i-Ton. Wegen ihrer langen Beine werden sie auch „Meister Langbein" bezeichnet. Ihre Beine brechen sehr leicht, weil sie mit Sollbruch- stellen versehen sind. Ihr Körper ist sehr schlank und ihre Flügel schmal. Sie werden schräg nach hinten angelegt. Schnaken ernähren sich aus winzigen Wassertröpfchen und Nektar, die frei in der Luft schweben. Mit ihren Mundwerkzeugen können sie keine andere Nahrung aufnehmen. Die Weibchen legen ihre Eier mittels Legebohrer in feuchte Erde auf Wiesen, in Schlamm oder in modrigem Holz ab. Die schlüpfenden Maden sind walzenförmig und ohne Beine. Sie zerkleinern frisches und zerfallendes pflanzliches Material. Ihre Arbeit ist sehr wichtig für das Aufarbeiten von Laub und morschem Holz.

Wikipedia

Setze die richtigen Satzteile zusammen!

Am Abend kam	die Lampe an.
Immer enger	sie angeflogen.
Verpassen will	umkreiste sie mich.
Schnell schaltete ich	sie mir einen Stich.
Schnell werfe	hört zu Siiimsen auf.
Sie Schnake	ich mein Kissen drauf.

Um schreckhafte chnecken zu erschrecken,
verstecken sich hinter dicken verdeckten Hecken
kecke Schnecken. Kecke Schnecken verstecken
sich hinter dicken verdeckten Hecken,
um schreckhafte Schnecken zu erschrecken.

Kreuze den richtigen Satz an!

Zwei Schnecken gaben sich einen Kuss.	O
Zwei Schnecken gaben sich eine Hand.	O
Sie wussten nicht, da gab es einen Schuss.	O
Sie wussten nicht, das gab Verdruss.	O
So schliefen sie sich richtig aus.	O
So schliefen sie glücklich Haus an Haus.	O

Kreuze die Reimwörter an!

Schnecke	O	Kuss	O	Mund	O	Lippe	O
Decke	O	Rast	O	Hund	O	Wippe	O
Schale	O	Schuss	O	Haus	O	Wald	O
Hecke	O	Schluss	O	Maus	O	Rippe	O
Zecke	O	Fluss	O	Laus	O	Grippe	O

 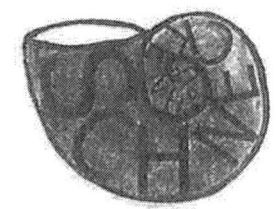 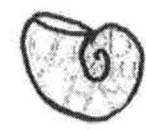

82

Das triste Hofgelände

Das triste Hofgelände glich fast einer Wüste. Vielleicht fühlte sich die Schildkröte deshalb dort so wohl. Der Boden war so farblos und hart wie die Mauer des Nachbarhauses. Ich kann mich nicht erinnern, in ihm jemals eine Blume wachsen gesehen zu haben. Unterhalb des des Nachbarhauses duckte sich ein fast verhungerter Pflaumenbau an die stützende Mauer. Bert Brecht hat in einem seiner Gedichte einen Pflaumenbaum so treffend beschrieben, als hätte er unseren gesehen.

Der Pflaumenbaum

Im Hofe steht ein Pflaumenbaum
Der ist klein, man glaubt es kaum.
Er hat ein Gitter drum
So tritt ihn keiner um.

Der Kleine kann nicht größer wer`n.
Ja größer wer`n, das möchte er gern.
`s ist keine Red` davon
Er hat zu wenig Sonn.

Den Pflaumenbaum glaubt man ihm kaum
Weil er nie eine Pflaume hat
Doch er ist ein Pflaumenbaum
Man kennt es an dem Blatt.

Bert Brecht

 Lies und errate dieses Rätsel!

Ein Rätsel und ein Abzählverse

Es sieht aus wie eine Katze.
Es hat ein Fell wie eine Katze.
Es fängt Mäuse wie eine Katze.
Es ist aber keine Katze!

Eine kleine Mi, Ma, Maus
gräbt ein Loch in unserm Haus.
Kater Romeo fängt sie ein
und du musst es sein!

(Es ist ein Kater.)

 Kreuze die richtigen Reimwörter an!

Maus O	klein O	grau O	Stein O	Ball O
Bär O	rein O	blau O	Bein O	Fall O
Haus O	mein O	rein O	Schwein O	Metall O
Klaus O	fein O	schlau O	Maus O	Stall O
Laus O	braun O	lau O	Wein O	Schall O

Der Löwe und die Maus

Eine unvorsichtige Maus geriet zwischen die Tatzen eines Löwen. Das Mäuschen zitterte vor Angst. Es flehte den Löwen an, "Lass mich leben, lass mich leben! Vielleicht kann ich dir einmal helfen." „Wie will die kleine Maus mir helfen können", dachte sich der Löwe. Trotzdem ließ er sie laufen. Ein Jäger hatte mit einem Netz eine Falle gebaut. In diesem Netz verfing sich der Löwe. Weil er sich nicht mehr befreien konnte, brüllte er vor Wut. Da eilte das Mäuschen herbei, zernagte einige Seile und der Löwe war befreit.

nach Äsop

Wer hat den Un-sinn nur erdacht?

Ein Hase in deiner Nase!

Ein Elefant auf deinem Fuß!

Ein Eichhörnchen in deinem Ohr!

Eine Giraffe auf deiner Hand!

Ein Tiger in deinem Rucksack!

Ein Storchennest in deinem Haar!

Ein Bär in deinem Bauch!

Ein Wal in deinem Mund!

Ein Nashorn in deinem Bett!

Ein Pferd in einem Vogelnest!

Ein Fisch in einer Hundehütte!

Eine Kuh in einem Reisekoffer!

Eine Maus in einer Zahnpastatube!

Ein Hund in einer Flasche!

Ein Känguru in einer Milchtüte!

Ein Vogel in deinem Zahnloch!

Eine Schildkröte in einer Tasse!

Ein Schwein als Flugzeugpilot!

Du darfst jetzt selbst Unsinniges ausdenken!

Ein Igel _____

Ein Frosch_____

Ein Seelöwe_____

Eine Fliege_____

Eine Eule_____

Ein Kamel _____

Ein Affe_____

Eine Spinne_____

Ein Regenwurm_____

Ein Schaf_____

Du kannst passende Bilder dazu malen!

Ein Igel	Eine Eule	Ein Affe	Ein Kamel

Werden Märchen wahr?

Märchen sind zwar vor langer, langer Zeit entstanden, sie berichten uns dennoch Interessantes, Vergangenes und Unwiederbringliches aus dieser längst vergangenen Zeit. Es war eine Zeit, in der Könige herrschten. Es wird geschildert, wie sie lebten, sich um ihre Kinder, Töchter und Söhne, und Untergebene, die ja Leibeigene waren, kümmerten. In ihrer Welt glaubten sie an gute und böse Hexen, wilde Zauberer und Feen. Ihre Wünsche nach einem unbeschwerten glücklichen Leben waren groß und erfüllbar. Zaubersprüche bewirkten Wunder. Mit List ließ sich das Leben verbessern und meistern. Wünsche und Träume wurden wahr. Ein armer Müllersohn konnte durch die Heirat einer Prinzessin König werden. Tiere konnten wie Menschen sprechen, denken und handeln.

✓ Streiche die falschen Wörter aus!

Der | alte | junge | Müller hinterließ seinem Sohn nur einen Kater.

Der Kater ging wie ein Mensch | zum Tor | zur Tür | hinaus.

| Räuber | Taucher | haben die Kleidung meines Herrn gestohlen.

| Der Kater | der Vater | fraß | die Maus | die Laus | sofort auf.

Sie feierten sogleich mit großer | Fracht | Pracht | ihr Hochzeitsfest.

| Der Kater | die Katze | blieb als | Vater | Berater | bei ihnen.

✗ Kreuze die Reimwörter an!

Kater O	Sohn O	Sack O	Land O	Schloss O
Maus O	Mohn O	Lack O	Hand O	Schuss O
Vater O	Lohn O	Bach O	Rand O	Spross O
Krater O	Hohn O	Wrack O	Pfund O	Tross O
Pater O	Bahn O	Frack O	Wand O	Mus O

Märchen beginnen meist: „Es war einmal..." Das ist das einzige, das an den Märchen stimmt. Sie entstanden vor sehr, sehr langer Zeit, sie sind frei erfunden. Ihre Verfasser sind unbekannt. Ihre Handlungen sind weder zeitlich noch örtlich festgelegt. Ihre Überlieferung erfolgte mündlich über Jahrhunderte, bis sie schriftlich aufgezeichnet wurden. Sie sind ein einzigartiges Kulturgut jeder Nation. Sie wurden gerne am Abend erzählt, in einer Zeit, in der es kein elektrisches Licht, keinen Radio, keinen Fernseher, geschweige einen Computer gab.
In Märchen stehen sich oft Gut und Böse in Form von Helden, Feen, Zauberern und Hexen gegenüber. Oft steht ein Held im Mittelpunkt, – wie in unserem Märchen – der sich mit unmenschlichen Kräften und verhexten Mächten auseinandersetzen muss. Das Gute wird meist reichlich belohnt.

✔ Streiche die falschen Wörter aus!

[Zwei] [vier] Personen in unserem Märchen sehen im Mittelpunk.

Es handelt sich um [eine Prinzessin] [eine Russin] und den Prinz.

Der Prinz küsste die schlafende [Schlange] [Prinzessin] wach.

Vielleicht leben die beiden noch [heute mit] [Freude?]

Dornröschen

Ich schlafe auch gern.
Doch hundert Jahre, das liegt mir fern.

Dornröschen musste schlafen und das Schloss.
Das Schnarchen der Menschen war riesengroß.

Der Lehrling schlief ein, er war beim Weinen.
Die Pferde blieben stehen auf ihren Beinen.

Der Koch ließ stecken den Löffel im Topf.
Müde herab hing sein schwerer Kopf.

Die Flammen schliefen ein beim Flackern.
Die Hühner hörten auf zu gackern.

Der König verschlief im Thron das Regieren.
Die Königin konnte sich nicht mehr frisieren.

Nur die Hecke wuchs riesengroß.
Der Prinz überlegte, wie schaff ich das bloß.

„Mein Schwert haut alles kurz und klein.
Dann finde ich sicher ins Schloss hinein."

Das Zerschlagen der Hecke ihm gelingt,
Den Weg zum Schloss er so jetzt find`.

Behutsam hat er Dornröschen wach geküsst.
Nur er weiß, wo das Schloss jetzt ist.

Leo Nikolajewitsch Graf Tolstoi war ein großer russischer Dichter und Denker. Er wurde *1828* geboren. Eines seiner Hauptwerke ist Krieg und Frieden. Er beobachtete Menschen und Tiere genau. Das bildete die Grundlage viele seiner Werke. Die Menschen, vor allen die Kinder lagen ihm am Herzen. Für sie schrieb er **Fabeln**. Das ist eine Dichtung aus dem Natur- und Tierleben, aus der die Menschen eine Lehre ziehen sollten.

Wikipedia

Tolstoi, Gemälde von Ilja Jefimowitsch Repin (1887)

Kreuze die Reimwörter an!

Fabel O	Dichter O	Denker O	geboren O
Kabel O	Lichter O	Lenker O	erfroren O
Schnabel O	Trichter O	Henker O	gegoren O
Kurbel O	Wächter O	Schwenker O	verloren O
Gabel O	Richter O	Läufer O	gefroren O

Ein kleines Krabbeltier

Ich kenn` ein kleines Krabbeltier.
Es klettert auf und ab an dir.

Deine Haut dich schnell informiert,
Auf dir hat sich was verirrt.

Kitzelnd wird es dich erschrecken.
Du wirst es gleich entdecken.

Es tappst auf dir mit winzigen Beinen.
Wie du auf riesigen Kieselsteinen.

Hat es dich erst einmal erklommen,
Sei ruhig, bleib unbenommen!

Allzu lange wirst du es nicht ertragen,
Schlüpft es dir unter den Kragen.

Für die Ameise bist du ein Riese,
Deine Haare wie eine Wiese.

Vielleicht spritzt sie dich einmal an,
Was dich ein wenig jucken kann.

Du als übergroßes Tier,
Hab viel Geduld mit ihr!

Seifenblasen

Seifenblasen entstehen, wenn Seifenwasser Luftblasen einschließt. So bilden sich hohle Kugeln, die in der Sonne bunt schillern. In der Luft können sie minutenlang schweben, bis sie von etwas berührt werden. Dann zerplatzen sie rasch. Deshalb sind sie ein Symbol für die Vergänglichkeit. Ein Sprichwort bestätigt dies: „Träume zerplatzen wie Seifenblasen."
Von Pieter Bruegel ist einGemälde von *1560* überliefert mit dem Titel „Kinder Spiele". Man kann annehmen, dass Seifenblasen bei Kindern schon vor mindestens *500* Jahren beliebt war.

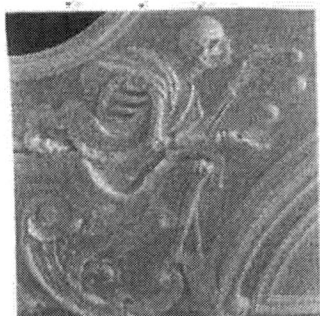

Tod mit Seifenblasen als Symbol der Vergänglichkeit

Wikipedia

Verbinde die richtigen Satzteile!

Hauchdünne Seifenblasen schweben	ihren zarten Bauch.
Seifenblasen umhüllen	sie davon.
Lautlos schleichen	leicht in deiner Hand.
Sie zerplatzen	mit dem Wind.
Sie verschwinden	über den grünen Rasen.

Aus was bestehen Seifenblasen? _____

_____

Wem bereiten Seifenblasen-Spiele besonderen Spaß?

_____

Wo können Seifenblasen überall landen? _____

_____

Seit wann sind Seifenblasen-Spiele mindestens bekannt?

_____

Kreise das richtige Wort ein!

Auto   Haus   Schule   **Ball**   Kind   Papier   Bleistift

Ball   Tafel   Heft   **Würfel**   Treppe   Bus   Schüler

Geld   Schule   Ei   **Auto**   Kind   Ball   Eis   Schirm

Setze die Satzteile richtig zusammen!

Kinder lassen ihn	die Treppe hinunter.
In Bögen hüpft er	über Stock und Stein.
Rollen mag er	sich kein Bein.
Brechen kann er	höher als du.
Springen will er	durch die Lüfte fliegen.

Kreuze die Reimwörter an!

rund ○	Haut ○	Gesicht ○	fliegen ○	Kinder ○
bunt ○	Braut ○	Licht ○	liegen ○	Rinder ○
wund ○	Laut ○	Bericht ○	siegen ○	Erfinder ○
gesund ○	Kraut ○	Sicht ○	wiegen ○	Finder ○

Lies die Reimwörter mit den Zauberwürfeln!

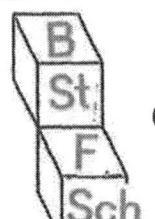 all    ollen   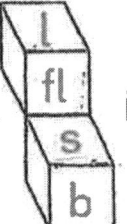 iegen   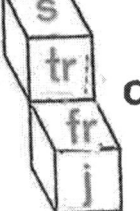 agen    ingen

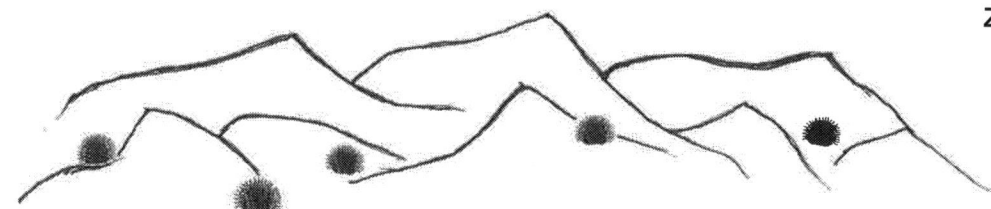

Unser **Lebensraum** – wie Luft, Klima, Boden und Wasser –
ist in Gefahr durch **Luftverschmutzung** (Autos, Flugzeuge,
Heizkraftwerke...) und **Lärmbelästigung** (Verkehr, Maschinen...).
Gefährdet ist auch unser **Trinkwasser.**
Dünge- und Arzneimittel dringen immer tiefer in unser
Grundwasser ein, verschmutzen oder vergiften es gar! Dem
Wald hat auch eine wichtige Funktion. Er reinigt und
speichert das Regenwasser. Er verarbeitet eine Menge
Kohlendioxid und atmet Sauerstoff aus. Deshalb darf uns der
Wasser- und **Gewässerschutz** nicht gleichgültig sein!

 Lies und versuche die Rätsel zu lösen!

Nur aus Sand besteht das ganze Land.	Was ist um dich Tag und Nacht.
Einst jedes Tier dort Nahrung fand.	Es ist mit Bedacht unsichtbar gemacht.
Plötzlich blieb der Regen aus,	Es will keinen Streit,
verdorrt sind gleich Gras und Maus.	geht bei Zwistigkeit zur Seit`.
Baum und Laub	Man braucht es zum Leben und Singen,
verwesten auch zu Staub.	in Reifen muss man`s zwingen.
Wie heißt dieses öde Land,	
wo man einst Nahrung fand?	

Kreuze die Reimwörter an!

Sand O	Regen O	leben O	singen O	Staub O
Hand O	Degen O	sagen O	bringen O	Laub O
Wand O	Sand O	heben O	springen O	Sand O
Land O	Segen O	geben O	leben O	Raub O

Zeichne einen sterbenden Baum!	Zeichne eine Pflanze, die verdurstet!	Zeichne einen abgeholzten Wald!

Lies und versuche das Rätsel zu lösen!

Rätsel

Manche Menschen hinterlassen ihn dort,
wo zuvor war ein sauberer Ort.
Wer unsere Umwelt will halten rein,
wirft ihn in geeignete Behälter hinein!   (מוטו)

Kreuze die Reimwörter an!

Spatz	O	Baum	O	schauen	O	Tonne	O
Satz	O	Flaum	O	bauen	O	Kolonne	O
Latz	O	Raum	O	hauen	O	Henne	O
Katze	O	Schaum	O	warten	O	Wonne	O
Platz	O	Traum	O	kauen	O	Sonne	O

Streiche die falschen Wörter durch!

Ein Spatz schaut vom Zaun Baum aus zu.
Was er sieht, bringt ihn zur aus der Ruh`.

„Was die Menschen werfen in die Spur Natur,
Von Umweltschutz seh` ich keine Natur Spur!

Flaschen Fische liegen da, Dosen und ein Karton,
Für uns Spatzen ein unfassbarer Lohn Hohn.

Wer den Müll trennt, die Umwelt Nachwelt hält rein,
Ist weder Frechspatz Dreckspatz, noch ein Schwein!"

Male einen Spatz im Baum!	Male einen Vogel, der fliegt!	Male ein Vogelnest mit drei Eiern!

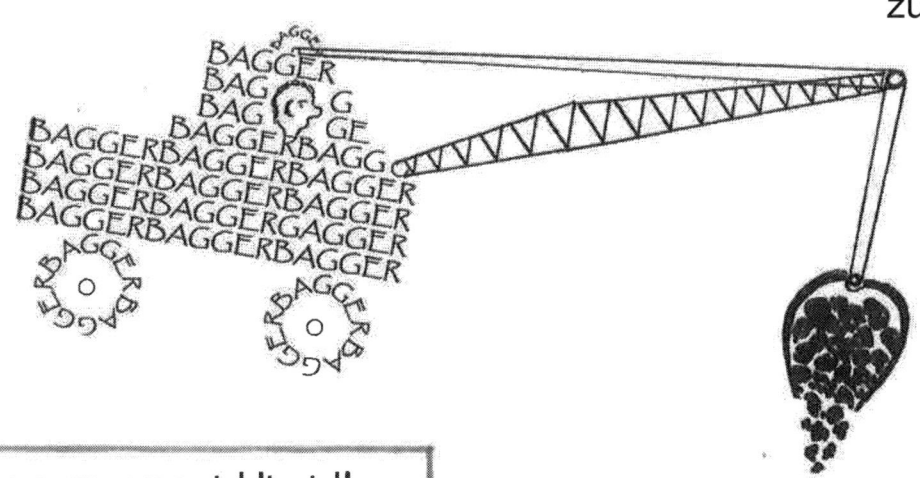

 Kreuze an, was richtig ist!

Wie heißt der fleißige Bagger? Der kleine Reiser   O
Wie heißt der fleißige Bagger? Der große Meister O
Wie heißt der fleißige Bagger? Der große Beißer   O

Wie heißt du?

Kreuze an, was richtig ist!

Er beißt in die Karton. O	Was gibt er wieder her? Luft O
Er beißt in Luft-Ballone.O	Was gibt er wieder her? Zahlen O
Er beißt in den Boden. O	Was gibt er wieder her? Erde O

 Kreuze die Reimwörter an!

Maul O	Zähne O	beißen O	wieder O	Rad O
Holz O	Zucker O	braten O	holen O	Hut O
Paul O	Hähne O	heißen O	Lieder O	Bad O
faul O	Kähne O	reißen O	Glieder O	Grad O

Zum Lesen oder Vorlesen:

Du und der große Beißer

Du schluckst alles, was du zerbissen hast, hinunter.
Der große Beißer gibt alles gleich wieder her.
Du ermüdest nach schwerer Arbeit rasch.
Der Bagger kann Tag und Nacht schwer arbeiten.

 Wörter, die du nicht verstehst, lass dir von deinem Translator
in deine Muttersprache übersetzen!

 L i cht   Lampe

 Kreuze an, was richtig ist!

Ohne Licht kannst du in der Nacht gut sehen.   O
Ohne Licht siehst du in der Nacht die Farben gut.   O
Ohne Licht siehst du in deinem Zimmer nachts nichts.   O
Licht macht dein Zimmer in der Nacht hell.   O

 Streiche durch, was falsch ist!

Früher beleuchtete | Wachs | die dunklen Zimmer.
Früher beleuchtete | Wasser | die dunklen Zimmer.
Früher beleuchtete | Öl | die dunklen Zimmer.
Früher beleuchtete | Saft | die dunklen Zimmer.
Früher beleuchtete | Fett | die dunklen Zimmer.
Früher beleuchtete | Milch | die dunklen Zimmer.

die Kerze

aus: Der Kinderduden

 Kreuze an, was richtig ist!

Sparlampen sind heller als die alten Glühlampen.   O
Sparlampen verbrauchen mehr Strom als Glühlampen.   O
Sparlampen sind umweltfreundlicher als Glühlampen.   O
Sparlampen verbrauchen weniger Strom als Glühlampen.   O

 icht    onne    acht   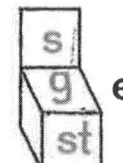 ehen    ühen

Licht < bild
quelle
strahl
jahr
blick

Sonnen < licht
brille
strahl
bad
schein

Sonnen
Fern
Augen > licht
Mond
Abblend

94

Wer kann aus einer LAMPE eine AMPEL machen?

(Wer von dem Wort LAMPE das L an das Wortende setzt.)

Die Verkehrsregelung in Städten ohne Ampeln ist heute undenkbar. Der Ampel genügen drei Farben zur Regelung:

Grün ● bedeutet: Der Verkehr ist frei gegeben
Gelb ○ bedeutet: Auf das nächste Signal achten
Rot ● bedeutet: Keine Einfahrterlaubnis

Rot ist in allen Ländern oben angeordnet. Das erleichtert Menschen mit Rot-Grün-Sehschwäche oder bei Farbenblindheit die Orientierung.

✎ Streiche die falschen Wörter durch!

Sie steht | so still | so laut | am Straßenrand.

Sie lenkt den Verkehr ganz ohne | Verstand | Hand.

Ihr helfen die Farben: | grün, | blau, | gelb, | rosa, | rot.

Nur ohne | Benzin | Strom | da mag sie nicht.

✎ Streiche die falschen Wörter durch!

Ampeln regeln den Verkehr | Tag und Nacht | nur bei Nacht.

Ampeln regeln der Verkehr | auf jeden Fall | nur bei Stromausfall.

✐ Kreuze die Reimwörter an!

Not ○	Rand ○	Licht ○	lenken ○	starten ○
Brot ○	Hand ○	Sicht ○	winken ○	warten ○
Lot ○	Welt ○	Gicht ○	schenken ○	loben ○
Kot ○	Land ○	Nacht ○	denken ○	Garten ○
Wort ○	Sand ○	nicht ○	werfen ○	Karten ○

Uhren

In grauer Vorzeit regelte die Natur den Ablauf des Tages. Mit dem Aufgang der Sonne begann der Tag und bei Einbruch der Dunkelheit wurde er beendet. Das Licht war ausschlaggebend. Nur der Sonnenstand gab den Menschen einen Hinweis, jetzt ist es Mittag und allmählich wird es Abend.

Es dauerte viele Jahrtausende bis eine brauchbare Uhr entwickelt war, die eine gewisse Zeitspanne messen konnte. Die Uhr regelt heute unseren Alltag. Alles hängt von ihr ab, alles richtet sich nach ihr: Der Schulbeginn, die Abfahrt der Bahn, das Fernsehprogramm ...

Wer großen Wert auf höchste Genauigkeit legt, kauft sich eine Uhr, die über Funksignale mit einer Atomuhr in Verbindung steht. Wissenschaft und Raumfahrt sind ohne Atomuhr nicht mehr denkbar. Teilweise wird die Uhr vom Handy oder einem Smartphone abgelöst, die über das Internet synchronisiert werden. Die klassiche Zeitanzeige erfolgt analog mit Hilfe von Zeigern und einem Ziffernblatt. Bei digitalen Uhren werden nur Ziffern sichtbar, Zeiger erübrigen sich.

Antike Sonnenuhr

Frühe Eisenuhr

Digitale Funkuhr

Eine der Cäsium-Atomuhren der PTB in Braunschweig

Wikipedia

Welche Uhr willst du lieber, eine analoge oder digitale?

_____

Warum?

_____

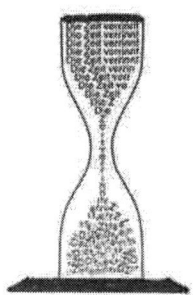

Kreuze an, was alles verrinnen kann und was richtig ist!

Wasser verrinnt in der Erde.	O	Zeit kann man festhalten.	O
Saft verrinnt in der Flasche.	O	Zeit ist vergänglich.	O
Sand verrinnt an der Sonne.	O	Zeit bleibt immer gleich.	O
Öl verrinnt im Sand.	O	Zeit kannst du anmalen.	O
Steine verrinnen im Wasser.	O	Zeit kannst du nachholen.	O

Kreuze an, was richtig ist!

Kannst du die Zeit sehen?	O	Frei
Kannst du die Zeit fühlen?	O	Aus
Kannst du die Zeit messen?	O	Lehr ——> zeit
Kannst du die Zeit einteilen?	O	Ruhe
Kannst du die Zeit festhalten?	O	Teil

Kreuze an, was richtig ist!

Ich kann die Zeit mit einem Lineal messen.	O
Ich kann die Zeit mit einer Uhr messen.	O
Ich kann die Zeit mit einem Thermometer messen.	O
Ich kann die Zeit mit einer Stoppuhr messen.	O
Ich kann die Zeit mit einem Kalender messen.	O

Kannst du die Rätsel lösen? Versuche es einfach mal!

Wer ist das?	Rate, was ist das?
Du kannst es nicht sehen. Es will immer mit dir gehen. Bleibt deine Uhr mal stehen, wird sie einfach weitergehen.	Es wird steinalt. Du findest es im Wald. Ein Gebirgsfluss hat es im Überfluss.
(Die Zeit)	(Steine)

Die Erdoberfläche bei Tag
(Fotomontage).

(Wikipedia)

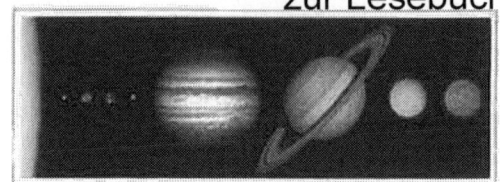

Größenvergleich zwischen Ausschnitt der
Sonne, Merkur, Venus, Erde, Mars, Jupiter,
Saturn, Uranus und Neptun (von links nach
rechts, maßstabsgerechte Fotomontage der
Größen, jedoch nicht der Abstände)

Kreuze an, was richtig ist!

Zerstört der Mensch durch Umweltverschmutzung die Erde?	O
Zerstören die Tiere durch Abgase und Feinstaub die Erde?	O
Ist der Mensch schuldig an der steigenden Erderwärmung?	O
Sind die Wiesen und Wälder an der Erderwärmung schuld?	O

Ich weiß einen Stern

Ich weiß einen Stern
gar wundersam,
darauf man lachen
und weinen kann.

Mit Städten , voll
von tausend Dingen.
Mit Wäldern, darin
die Rehe springen.

Ich weiß einen Stern
drauf Blumen blüh`n,
darauf herrliche Schiffe
durch Meere zieh`n.

Wir sind seine Kinder,
wir haben ihn gern:
Erde, so heißt
unser lieber Stern.

(Josef Guggenmos)

Kreuze die Reimwörter an!

Erde O	Stern O	Welt O	Kinder O	lachen O
Weide O	Kern O	Wald O	Rinder O	krachen O
Herde O	gern O	Zelt O	Finder O	machen O
Pferde O	Erde O	stellt O	Inder O	wachen O

Zeichne einen Müllhaufen!	Zeichne einen rauchenden Kamin!	Zeichne ein Klärschlammbecken!

98

Werbung, Werbung, Werbung

Die Sprache und Bilder der Werbung versprechen alles, - auch neben der Wirklichkeit und Wahrheit - um das beabsichtige Produkt an die Frau oder an den Mann - also an uns - zu bringen. Das ist ihr vorrangiges Ziel. Vielfach werden Wünsche geweckt, die wir vor der Werbung noch nicht hatten. Uns gaukelt die Werbung vor, mit dem Produkt werden wir glücklicher leben, ohne die angepriesene Ware können wir nicht mehr zufrieden sein. Es muss jedes Jahr das neueste Smartphone sein, alle paar Jahre das aktuellste Auto mit allen Errungenschaften der neuesten Technik. Geld spielt keine Rolle, eine bequeme Ratenzahlung tut nicht weh. Von Schauspielern dargestellte Szenen sollen die Verheißungen beweisen. Die Werbeversprechen werden wie Mantras wiederholt, sie bereiten eine Gehirnwäsche vor und wir erliegen bald den Überredungskünsten, der Suggestion. Wir treffen eine Entscheidung, die nicht mehr rational überdacht ist und zu einem Kauf führt, den wir ohne Werbestrategie und Verführungskunst der Werbung niemals getätigt hätten. Nicht unbegründet lassen sich Firmen viele Millionen ihre Werbung alljährlich kosten. Reklame will unsere Sinne vernebeln, will Bedürfnisse wecken, für Dinge, die wir nicht unbedingt brauchen. Nur mit einer kritischen Haltung können wir den massiven und permanenten Angriffen der Werbung widerstehen!

Gebäudefläche als Bildschirm für animierte Leuchtwerbung (Piccadilly Circus, London, 2006)

Werbetafeln an einem Kiosk in Frankfurt-Gallus

Prospekte auf der Straße (2005)

Wikipedia

Wie denkst du über Werbung, ist sie notwendig? _____
_____

Ist sie überflüssig? _____
_____

Was stört dich an der Werbung? _____
_____

Bist du schon einmal auf Werbung hereingefallen? _____
_____

FSC
www.fsc.org

MIX

Papier | Fördert
gute Waldnutzung

FSC® C083411

Zeitfracht Medien GmbH
Ferdinand-Jühlke-Straße 7
99095 Erfurt, Deutschland
produktsicherheit@kolibri360.de